Kärnten

Dem Temperament, der Sangesfreude und der Lage im südlichsten Teil der Republik verdanken die Kärntner den Ruf, die ›Sizilianer‹ Österreichs zu sein. Tatsächlich haben die Verschmelzung von nördlicher Sachlichkeit und südlichem Lebensmut, die enge Koexistenz verschiedenster Kulturräume an der Grenze zu Slowenien und Italien – des deutschsprachigen, des slawischen und des romanischen – im Wesen der Kärntner Spuren hinterlassen.

Und dann trägt das Klima das Seine dazu bei: Kärnten gilt als ›Sonnenprovinz‹. Kein anderer Teil der Alpenrepublik verfügt über so viele Sonnenstunden, die nicht zuletzt den 198 Seen zu ihren meist sehr badefreundlichen Wassertemperaturen verhelfen. Die Winter sind dafür kalt und schneereich: ein sicherer Tip für die Freunde von Wintersport und -wanderungen.

Ob Sommer, ob Winter, nirgendwo in Österreich erscheint die Bergwelt majestätischer. Ragt hier doch mit 3797 Metern der Großglockner in den Himmel, des Landes höchster Berg. Umgeben von dem Naturschutzgebiet Hohe Tauern, Mitteleuropas größtem Nationalpark, Refugium seltener Alpenflora und -fauna. Naturbelassenheit, man findet sie auch in den Tälern, wie dem Lesachtal, dessen Abgeschiedenheit viel Erholung pur verspricht.

Urbane Vitalität zeigt dagegen Klagenfurt, Landeshauptstadt mit Chic, Charme und Gemütlichkeit. Ihre schönen Plätze, alte Gassen, interessanten Museen und abwechslungsreichen Veranstaltungen warten auf sie: die Einkaufsbummler, Kultursuchenden, Flaneure – und Genießer.

Doch was wäre Kärnten ohne die Trachten, die Jahrmärkte, Kirchtage und Brauchtumsfeste? Sie bestimmen den Festkalender heute noch genauso wie einst. Unberührt von allen noch so extremen Funsportarten zu Wasser, zu Land und in der Luft, die neben dem traditionellen Bergsport immer neue, aufregende Unterhaltung versprechen.
Autor Dr. Edgar Schütz aus Wien und Fotograf Joachim Holz aus Mönchengladbach haben das immer junge alte Kärnten in Wort und Bild eingefangen. Der vorliegende HB-Bildatlas ersetzt die bisherige Ausgabe Nr. 33.

Brauchtum ist in Kärnten allgegenwärtig. Beim pfingstlichen Kranzlreiten in Weitensfeld stellen selbst die Jüngsten voller Stolz ihre Tracht zur Schau.

Titelbild: Blick von Egg am Faaker See auf die Karawanken.

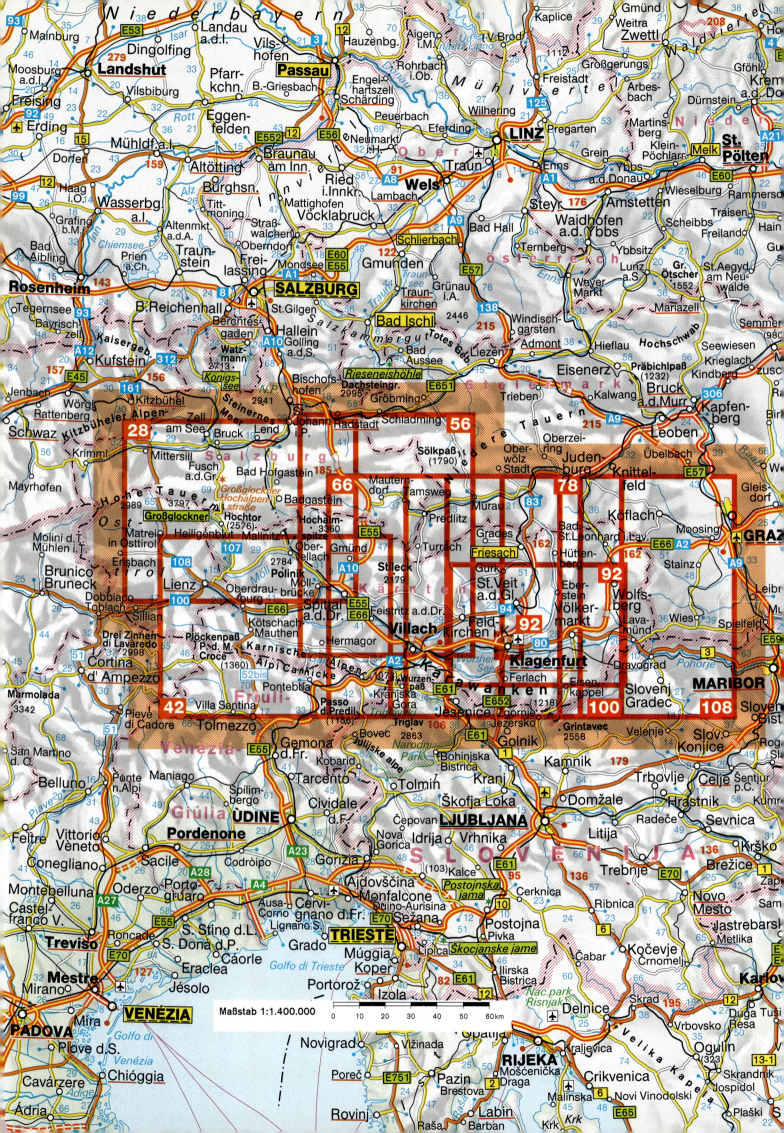

Inhalt

Bilder einer Landschaft
- 6 Gastfreundlich-sportliches Land
- 8 Im Bann der Gebirgswelt
- 10 Winterfreude für Groß und Klein
- 12 Kunst und Kultur aller Epochen
- 14 Ein Hoch der Gemütlichkeit
- 16 Kärnten kompakt: Land, Bevölkerung, Tradition

Vom Großglockner durch das Mölltal
- 18 Nationalpark Hohe Tauern, Heiligenblut, Großkirchheim, Winklern, Flattach, Mallnitz, Obervellach, Kolbnitz, Lurnfeld
- 28 Autokarte
- 29 Wo gibt es was?

Natur pur, die Täler der Karnischen Region
- 30 Gemeinde Lesachtal, Kötschach-Mauthen, Gemeinde Kirchbach, Sonnenalpe Naßfeld, Hermagor, Feistritz an der Gail, Weißensee, Greifenburg, Berg im Drautal, Dellach im Drautal, Oberdrauburg
- 42 Autokarte
- 43 Wo gibt es was?

Zwischen Nockbergen und Millstätter See
- 44 Malta, Gmünd, Innerkrems, Ebene Reichenau, Bad Kleinkirchheim, Millstatt, Spittal an der Drau
- 56 Autokarte
- 57 Wo gibt es was?

Ein Hauch von Süden in der Region Villach
- 58 Bad Bleiberg, Villach, Faaker See, Ossiach, Feldkirchen, St. Urban am Urbansee, Feld am See
- 66 Autokarte
- 67 Wo gibt es was?

Velden am Wörther See – St. Veit an der Glan
- 68 Velden, Pörtschach, Krumpendorf, Moosburg, St. Veit an der Glan, St. Georgen am Längsee, Gurk, Straßburg, Friesach, Metnitz
- 78 Autokarte
- 79 Wo gibt es was?

Hauptstadt mit Charme: Klagenfurt
- 80 Klagenfurt, Maria Saal, Magdalensberg, Hochosterwitz
- 92 Klagenfurtplan und Autokarte
- 93 Wo gibt es was?

Nostalgischer Winkel Görtschitz-Rosental
- 94 Hüttenberg, Eberstein, Eberndorf, St. Kanzian am Klopeiner See, Bad Eisenkappel, Zell Pfarre, St. Margareten im Rosental, Ferlach, Feistritz im Rosental
- 100 Autokarte
- 101 Wo gibt es was?

Voller Geist und Poesie: das Lavanttal
- 102 Reichenfels, Wolfsberg, St. Andrä im Lavanttal, St. Paul im Lavanttal, Bleiburg, Völkermarkt
- 108 Autokarte
- 109 Wo gibt es was?

Touristik-Informationen
- 110 Informationen mit Schnell-Info
- 111 Ausgewählte Hotels und Restaurants
- 112 Informationen mit Klimatabelle

Anhang
- 113 Register, Impressum, Zeichenerklärung der Karten
- 114 Vorschau Lieferbare Ausgaben
- 115 Anzeigen

Beliebtes Wanderziel ist der Wolayer See inmitten der schroffen Bergwelt der Karnischen Alpen.

Gastfreundlich-sportliches Land

Bereits um 800 n. Chr. ist eine Region namens ›carantum‹ belegbar, abgeleitet vom keltischen Wort ›carant‹, der Freund. Gastfreundschaft stand in Kärnten schon immer hoch im Kurs, das bedingten schon die alten Handelswege, die seit jeher Kontakt mit Fremden brachten. Im Tourismusgeschäft hat man erkannt, daß die einst so gefürchtete, mitunter schroffe Natur jede Menge Spaß bieten kann und dafür sorgt, daß niemals Langeweile aufkommt.

Rafting, wie hier auf der Möll, gehört zu den beliebten Sportarten mit dem gewissen Nervenkitzel.

Im Bann der Gebirgswelt

Daß Österreich ein ›Land der Berge‹ ist, besagt schon die erste Zeile der Nationalhymne. Wer der Anziehungskraft der Gebirgswelt nicht widerstehen kann – bitte sehr, er hat die Auswahl: sei es eine gemächliche Wanderung über sanft duftende Almmatten im Gleichklang mit Flora und Fauna, sei es das Erklimmen von Höhen über 3000 Metern oder eine extreme Kletterpartie an steilem Felshang.

1959 Meter hoch gelegen, umgeben von den eindrucksvollsten Bergen der Karnischen Alpen, ist man am Wolayer See den Naturgewalten sehr nah.

Winterfreude für Groß und Klein

Der Winter meint es meistens gut mit den Kärntnern. An Schnee mangelt es selten. Die Wintersportorte haben für alle etwas parat: leichte Abfahrten für die Kleinen oder weniger Geübten, Steilhänge für jene, die den Rennassen nacheifern. An Skifahreridolen, wie zum Beispiel Franz Klammer, mangelt es Kärnten nicht. Dessen große Erfolge, wie etwa der Olympiasieg in Innsbruck 1976, liegen zwar schon weit zurück, doch in seiner Heimat wird er wohl unvergessen bleiben.

Übertriebenen Ehrgeiz gibt es nicht beim Kinderskikurs in Bad Kleinkirchheim. Das Skifahren soll den kleinen Gästen vor allem Freude machen.

Kunst und Kultur aller Epochen

Kärnten birgt eine Fülle von Kunstschätzen aus nahezu allen Epochen. Keltische Könige, römische Feldherren und slawische Fürsten prägten das Land, aber auch Katholizismus, Reformation und Gegenreformation. Die Kirchen sind reich an Fresken, Flügelaltären und Glasmalereien aus Romanik und Gotik. Einblick in das moderne bildnerische Schaffen gibt vor allem die Kärntner Landesgalerie in Klagenfurt. Und die zeitgenössische Literatur gipfelt Jahr für Jahr im Ingeborg-Bachmann-Preis.

Prunkstück der Wallfahrtskirche von Maria Gail ist der spätgotische Flügelaltar (um 1520) mit der Darstellung der Anna selbdritt im linken Flügel.

Ein Hoch der Gemütlichkeit

Den Österreichern wird ganz allgemein ein Hang zur Gemütlichkeit zugesprochen. Die Kärntner machen da keine Ausnahme. Anlässe zum Beisammensein finden sich das ganze Jahr über: vom bunten Faschingstreiben in Villach, über den Wiesenmarkt in Bleiburg bis zum traditionellen Erntedankfest im malerischen Maria Luggau. Und wenn es nichts zum Feiern gibt, trifft man sich in einem der zahlreichen Gasthäuser, Cafés oder Restaurants.

Herrlich sitzt es sich in Klagenfurts Arkadenhöfen, einem Markenzeichen der Stadt.

Kärnten kompakt: Land,

Berge, Täler und Seen

Kärnten, mit 9534 Quadratkilometern fünftgrößtes unter den neun österreichischen Bundesländern, hat die ungefähre Gestalt eines Rechtecks, dessen Länge von Westen nach Osten etwa 180 Kilometer beträgt; die Breite von Norden nach Süden schwankt zwischen 40 und 70 Kilometer. Im Süden grenzt das Land an die Slowakische Republik und Italien.
Als Umrandung dienen hohe Gebirge: im Norden die Hohen Tauern und die Gurktaler Alpen, im Osten die Pack- und die Koralpe, im Süden die Karawanken und Karnischen Alpen, im Westen die Lienzer Dolomiten. Gesamt gesehen, liegt Kärnten an den Ausläufern der Ostalpen, deshalb erreichen vor allem die Berge im Nordwesten beachtliche Höhen. Superlativ ist der Großglockner (3797 m), in dessen Umgebung auf Kärntner Gebiet weitere 127 Gipfel über 3000 Meter hinausreichen.

Markenzeichen von Kärnten sind die Seen, eingebettet in Täler und herrliche Gebirgslandschaften wie im Naturpark Nockberge.

Die Beckengebiete von Klagenfurt und Villach sowie Drautal und Jaunfeld erscheinen wie Kessel, in welche die Täler münden: Lesach-, Gail- und Oberdrautal im Westen, Möll-, Malta- und Liesertal im Nordwesten, Görtschitz- und Lavanttal im Osten. Gebilde der letzten Eiszeit, also um die 15 000 Jahre alt, sind die vielen Seen.

Geologie der Alpen

Jahrmillionen brauchte es, bis die Alpen entstanden waren. Rund 450 Millionen Jahre alt ist der Granit, der den Kern des Tauerngebirges aber auch die Saualpe geformt hat. Etwas jünger sind die Karawanken und das Kalkgebirge der Karnischen Alpen. Dort hat der Kreislauf des Gesteins außergewöhnlich fossilienreiche Schichten produziert, die eine wahre Fundgrube für Hobbygeologen und Fossilienfreaks sind. Deshalb hat man dort auch den bemerkenswerten ›Geo-Trail‹ angelegt. Mehr als 300 Mineralienarten wurden in Kärnten gefunden, alpine Kluftminerale wie Bergkristall, Amethyst und Rauchquarz oder alpine Erzgänge wie den silberreichen Bleiglanz.
Im Tauerngebirge wurde einst Gold gewaschen, später ertragreich Kupfer abgebaut. Bis vor wenigen Jahren rentierte sich in Bleiberg noch der Bleizinkabbau. Heute werden nur zwei mineralische Stoffe aus den Gebirgen gewonnen: Eisenglimmer in der Koralpe sowie Kalk und Ton im Görtschitztal, wo eine bedeutende Zementindustrie die Zeiten überdauert hat.

Blick in die Geschichte

Die ersten Völker, die in Kärntens westlichen Alpen lebten, waren wahrscheinlich die Etrusker und Veneter. Später siedelten hier die Illyrer. Rund 250 v. Chr. wanderten die Kelten ein, die der illyrischen Urbevölkerung eine neue Kultur brachten, sich um 200 v. Chr. auf dem Magdalensberg ein urbanes Zentrum bauten und jenes Königreich errichteten, das den Römern als Regnum Noricum bekannt war. 15 v. Chr. fielen die Römer ein, 45 n. Chr. erklärten sie die Region zur Provinz Noricum, die Westrom bis zum Untergang des Reiches verbunden blieb.
Um 590 drangen die slawischen Karantaner in Kärnten ein; sie gerieten erst in der 2. Hälfte des 8. Jh. unter die Oberhoheit der Bayernherzöge. Die Bayern brachten das Christentum und deutsche Siedler ins Land. 976 erfolgte unter Otto I. die Trennung von Bayern: Ein eigenständiges Herzogtum entstand. 1070 erhielt das Land mit den Eppensteinern und Spanheimern (ab 1122) erbliche Herzöge. Ab 1286 lag die Verwaltung bei den Grafen von Tirol, ab 1335 regierten die Habsburger bis zum Zerfall der Donaumonarchie.
Dank der verkehrsgünstigen Lage entwickelte sich trotz Türkeneinfällen im 15. Jh. der Handel mit Italien und dem Adriagebiet, dazu bildete der Bergbau die Grundlage für die wirtschaftliche Entwicklung. 1518 verlor St. Veit den Rang der Landeshauptstadt an Klagenfurt. Im weiteren Verlauf des 16. Jh. wurde die Macht der vorübergehend protestantisch gewordenen Stände durch Gegenreformation und aufgeklärten Absolutismus gebrochen. Während der napoleonischen Besatzung (1809–1814) gehörten weite Teile Kärntens zu den Illyrischen Provinzen des französischen Kaiserreiches.

Die slowenische Minderheit

Nach Ende des Ersten Weltkriegs okkupierten jugoslawische Truppen Südkärnten. Folge waren die blutigen Konflikte des Kärntner Abwehrkampfs. 1920 votierten 59 Prozent der vorwiegend slowenischen

Bei festlichen Anlässen, und derer gibt es in Kärnten viele, ist die Tracht nicht wegzudenken – auch nicht beim Flößerfest im Drautal.

Bevölkerung für den Verbleib bei Österreich. Heute sind 94 Prozent der Bevölkerung deutschsprachig. Gut fünf Prozent gehören zur slowenischen Minderheit, die vorwiegend in Unterkärnten (Gail-, Rosen- und Jauntal) angesiedelt ist. Sie sprechen Slowenisch bzw. eine Mischform, die oft als ›Windisch‹ bezeichnet wird.

Ansehnliches Brauchtum

Kein Fest ohne Tracht. Wohl ist sie in den verschiedenen Landesteilen unterschiedlich, hat jedes Tal seine eigene Variante, doch gewisse Merkmale haben Allgemeingültigkeit: Der Mann kleidet sich zum Kirchtag, Volkstanz oder Sängertreffen in einen braunen Lodenanzug mit grünen Applikationen und grünen Biesen an der Hosennaht. Dazu trägt er Westen, meist aus Samt, und bunte Seidenkrawatten. Die Frauen tragen ›Dirndl‹ und Hüte.
Das Brauchtum ist in Kärnten tief verwurzelt. Manche Feste haben uralte Wurzeln, wie der ›Vierberge-Lauf‹ bei St. Veit, dem keltischer Ursprung nachgesagt wird, oder das ›Kufenstechen‹ in Feistritz, das vermutlich aus der Zeit der Türkeneinfälle stammt. Die Liste läßt sich fortsetzen mit dem ›Kirchleintragen‹ in Bad Eisenkappel, dem ›Striezelwerfen‹ in Stein oder dem ›Kranzlreiten‹ in Weitensfeld.

Heimat berühmter Künstler

Bei so viel Traditionsliebe ist es um so verblüffender, daß Kärnten Heimat großer Namen der österreichischen Gegenwartskultur ist: Schriftsteller wie Robert Musil, Peter Handke, Peter Turrini, Werner Kofler oder Ingeborg Bachmann wurden hier geboren, genauso wie der Schlagerbarde Udo Jürgens oder der Maler Arnulf Rainer. Mit seinen Künstlern kann sich Kärn-

Bevölkerung, Tradition

ten sehen lassen, doch kaum einer lebt noch hier, ihre Karriere machten fast alle in der Fremde. Kultur in Kärnten ist ein Widerspruch in sich: Nirgendwo in Österreich gibt es so viele Volkskulturvereine, Gesangsgruppen, Laienspiel- oder Volkstanzensembles. Das Kulturbudget jedoch ist im Vergleich zu den übrigen Bundesländern sehr gering.

Die besondere Note

Dann ist da noch die besondere Musikalität, die den Kärntnern nachgesagt wird. Kaum eine Gemeinde, die nicht stolz auf ihre eigene Blasmusikkapelle oder ihren eigenen Chor verweist. Kärntens Lieder sind niemals plump, woran auch die melodiöse Eigenart des Kärntner Dialekts Anteil hat. Der Kärntner ›Fünfgesang‹ ist weit über die Landesgrenzen hinaus bekannt. Auch Wolfgang Puschnig, der Kärntner Jazz-Saxophonist der Weltklasse, huldigt seiner musikalischen Heimat: Seine Interpretationen der Kärntner Lieder sind ein Beispiel für die stimmige Grenzüberschreitung zwischen Tradition und Moderne.
Diese verquicken sich auch bei diversen Sommerfestspielen, die meist jüngeren

Musik liegt den Kärntnern im Blut. Sie gehört zum Fest und muß nicht immer Blasmusik sein: Akkordeonspieler vom Villacher Kirtag.

Ursprungs sind, sich aber großer Beliebtheit erfreuen. Der Carinthische Sommer in Ossiach, die Komödienspiele von Spittal oder die Auftritte der Opernstars auf Burg Finkenstein gehören längst zum Standard des sommerlichen Kulturlebens.

Religiöse Baukunst

Angeblich zählt Kärnten an die 1500 ›Marterln‹, fromme Wegweiser in eine bessere Welt, denen man auf Schritt und Tritt begegnet. Ein übertrieben religiöses Volk sind die Kärntner deshalb nicht, auch wenn gerade christliche Brauchtumsfeste liebevoll gepflegt werden. In den Bildstöcken schlummert vielmehr die heidnische Tradition keltischer und römischer Kultobjekte, die später im Christentum aufgingen.
Romanische und gotische Kirchen gibt es jede Menge. Aushängeschilder sind wohl der romanische Dom zu Gurk und die gotische Kirche von Friesach. Dort und in der ehemaligen Bergbaumetropole Obervellach stehen auch die bedeutendsten Beispiele gotischer Wohnhäuser. Der Barock hat sich am deutlichsten in den mächtigen Klosteranlagen von St. Paul im Lavanttal und St. Georgen am Längssee verewigt.

Bauernhäuser und Villen

Eine typische und allerorten noch anzutreffende Wohnform ist das Kärntner Bauernhaus, das freilich regionalen Unterschieden unterworfen ist. Die Kärntner Häuser entwickelten sich aus keltisch-romanisch-slawischen Wohnformen, die später durch den Einfluß zuwandernder bayerischer Siedler weiterentwickelt wurden. Als Baustoff dominiert das Holz, das meist einen Anteil von rund 90 Prozent ausmacht. Charakteristisch sind die Balkone, eine Fortentwicklung einstiger Wehrgänge oder Feuerschutzeinrichtungen.
Auffallendes Detail der Stallformen, vor allem in Oberkärnten, sind die gemauerten Stadel, die über kunstvolle, mit Ziegeln gestaltete Luftöffnungen verfügen. Viele Höfe Oberkärntens besitzen einen sogenannten Kastn, ein etwas abseits gelegener Bau, in dem die lebenswichtigen Vorräte gehortet wurden. Im Gegensatz zum Bauernhaus, sind die Kastn aus Stein. So blieben im Falle eines Brandes zumindest die Ernte und das Allernotwendigste verschont.
Wie überall hat der Wandel der Zeiten auch in Kärnten architektonische Spuren hinterlassen. Das 19. und beginnende 20. Jahrhundert findet man in den Gründerzeitvillen an Wörther- und Millstätter See sowie im Klagenfurter Jugendstil. Umstrittene Bauten der Moderne sind Völkermarkts Neues Rathaus und das von dem Architekten Günther Domenig Anfang der 80er Jahre erbaute klobig-geometrische ›Steinhaus‹ am Nordufer des Ossiacher Sees.

Landwirtschaft und Industrie

Bergbau und Landwirtschaft prägten einst das Land. Der Bergbau ist fast ganz verschwunden. Land- und forstwirtschaftliche Betriebe gibt es noch rund 30 000, von denen rund ein Drittel als Bergbauernhöfe gilt. Fast die Hälfte der bäuerlichen Betriebe (hauptsächlich Vieh, Milch, Getreide, Mais, Kartoffeln, Obst) ist freilich nur Nebenerwerb. Jüngst wurden aber Nischen entdeckt: einmal der Trend zum ›Urlaub

Zierde der Landschaft ist das Kärntner Bauernhaus, erbaut aus viel Holz, geprägt von Balkonen in reichem Blumenschmuck.

auf dem Bauernhof‹, zum anderen die gekonnte Vermarktung bodenständiger Produkte, wie etwa im Lesachtal.
Hauptwirtschaftsfaktor ist die Industrie mit Zentren um Klagenfurt, Villach, Wolfsberg und Spittal. Schwerpunkte sind die Metallverarbeitung, Elektrotechnik und Elektronik, Baustoff-, Textil-, Leder- und chemische Industrie sowie die Holzverwertung, besonders Papier und Zellstoff. Insgesamt sind die Industriebetriebe aber nur wenige. Kärnten zählt zu Österreichs wirtschaftlichen Schlußlichtern. Technologieparks und Initiativen zur Betriebsansiedlung sollen Impulse geben. Als Markt und Wirtschaftspartner hat man jetzt den Alpen-Adria-Raum entdeckt, vor allem Slowenien.
Rund 35 000 Personen leben direkt vom Fremdenverkehr. Auch wenn die Nächtigungszahlen in den letzten Jahren zurückgingen, reisen jährlich über drei Millionen Gäste (inkl. Tagesgäste) in Kärnten ein.

Rund 10 000 von Kärntens landwirtschaftlichen Betrieben gelten als Bergbauernhöfe: Das Glück des Viehs ist nicht zu übersehen.

Ziel und Zuflucht der Bergwanderer ist die Hütte. Am Hafner, Kärntens östlichstem 3000er und einem der schönsten Aussichtsberge, liegt die Kattowitzer Hütte.

Vom Großglockner durch das Mölltal

Inmitten des Nationalparks Hohe Tauern mit seinen einzigartigen Natur- und Kulturlandschaften liegt Österreichs höchster Berg, der 3797 Meter aufragende Großglockner. Am Rand des ewigen Eises der Pasterze tummeln sich Murmeltiere, breiten Bartgeier ihre riesig-weiten Schwingen aus. Im Mölltal versuchten sich die Bewohner einst im Gold-, Silber- und Kupferabbau. Heute bieten sie an, was das Land von alleine hergibt: sauberes Wasser und gute Luft. Und bei einer Schrothkur in Obervellach hat schon so mancher neue Kräfte geschöpft.

△ Heiligenblut: Imposant vor dem Großglockner erhebt sich die Pfarrkirche   Gedenkstätte für verunglückte Bergsteiger auf dem Friedhof ▽

△ Tierisch gemütlich

△ Die Krönung Mariens füllt den Schrein des berühmten Schnitzaltars von 1520 in der Pfarrkirche St. Vinzenz von Heiligenblut

Einst ertragreich, heute nur noch ein Kinderspiel: Goldwaschen in den Tauern ▽

Der Kirchturm so spitz wie eine Nadel gen Himmel gerichtet, ringsum gewaltige Berghänge, die mit den Schneefeldern verschmelzen, und als krönender Abschluß die beiden Gipfel des Großglockners, Österreichs mit 3797 Metern höchstem Berg. Ein weltberühmtes Bild, das seit Jahrzehnten identitätsstiftend vermarktet wird: die Pfarrkirche des heiligen Vinzenz in Heiligenblut. Geradezu grotesk, daß just ein ausgesprochener Flachländer zur Namensfindung des Ortes beigetragen hat. Ein Däne namens Brictius soll hier vor rund tausend Jahren auf dem Heimweg aus Konstantinopel von einer Lawine getötet worden sein. Als einige Bauern den christlichen Söldner später begraben wollten, weigerte sich ein Bein störrisch, unter der Erde zu bleiben. Man ging der Sache auf den Grund und fand in der Wade ein Fläschchen mit dem ›Blut Christi‹, das sich der fromme Däne hatte einwachsen lassen, um es vor Räubern und Wegelagerern zu schützen. Heute wird es im Sakramentshaus der Kirche aufbewahrt.

Erstes Opfer der Berge

Brictius ist das erste überlieferte Opfer der rauhen Gebirgswelt, die das Leben der Menschen in diesen Gefilden von alters her prägt. Auf dem Dorffriedhof sind nicht nur die verstorbenen Einheimischen begraben, sondern in einem Buch auch die Namen jener etwa 500 Toten verzeichnet, die seit 1800 am Großglockner ums Leben kamen. Die Jahreszahl ist bezeichnend, denn die Anziehungskraft der starren Felsgipfel ist eine Errungenschaft der Moderne. Den Ahnen galt die terra incognita als feindliche Welt schlechthin, die sie nur notgedrungen betraten, zweckbestimmt, wenn ihnen als Jäger, Händler, Pilger oder Landsknecht kein anderer Ausweg blieb. Nur dann quälten sie sich über Pässe oder Saumpfade. Zuvor befahlen sie Leib und Seele dem Herrn. Denn in der Unwirtlichkeit, da waren sie sich ganz gewiß, hauste das Grauen: Drachen und andere Fabelwesen, mit oder ohne Flügel. Und jede Reise in das Herz der Finsternis legte sich wie ein dunkler Schatten auf die Gemüter.

21

△ Skilaufen am Schareck (2604 m) bei Heiligenblut

Aufgepaßt: Gletscherspalte auf der Pasterze ▽

Zahm, ja verwöhnt sind die Murmeltiere am Großglockner ▽

△ Wie alle Gletscher schrumpft auch die Pasterze im Großglocknergebiet   Massenandrang am Gipfel ▽

Gletschertüchtige Alpenstraße

Als dem Klagenfurter Generalvikar Sigismund von Hohenwart aus Döllach im Jahr 1800 die Erstbesteigung des Großglockners gelang, knallten zur Feier der heroischen Tat die Böllerschüsse durch das Tal. Der Mensch von heute kann da schon weniger heldenhaft ans Werk gehen. Ein Auto vorausgesetzt und der Wille, Maut zu bezahlen. 1935 wurde Österreichs damaliges Prestigeobjekt eröffnet: die Großglockner-Hochalpenstraße. 48 Kilometer lang, führt sie über 30 Kehren bis Bruck und verbindet so Kärnten mit Salzburg.

Die von der Franz-Josefs-Höhe abzweigende Gletscherstraße liegt schon oberhalb des Pasterzengletschers, so daß zum Gipfelsturm auf den Großglockner gerade einmal sechs Stunden fehlen. Und wer den Gletscher betreten will, muß nur aus dem Auto steigen. Hartnäckig hält sich das Gerücht, daß die Murmeltiere, die sich am Gletscherrand tummeln, Schokolade nur in Form von Mozartkugeln fressen, denn die putzigen Gesellen sind mit der Zeit recht wählerisch geworden.

Nationalpark Hohe Tauern

Anfang der 80er Jahre gab es ein langes Hin und Her, ehe die Grenzen des mit 1800 Quadratkilometern größten Nationalparks Mitteleuropas gezogen waren. Kurz umrissen, umfaßt er die großartigen Gletscher der Glockner- und die gewaltigen Berge der Schobergruppe an der Westgrenze Kärntens. Seither will den Park keiner mehr missen.

Die Aufgabe des Nationalparks Hohe Tauern besteht nicht bloß darin, die Landschaft zu erhalten, argumentieren die Betreiber, er muß auch Erholungs- und vor allem Bildungsfunktionen erfüllen. So werden die Besucher in Informationszentren und bei geführten Wanderungen mit den landschaftlichen Besonderheiten des Gebiets sowie mit seltenen Exemplaren alpiner Flora und Fauna vertraut gemacht. Mit etwas Glück kann man hier außer windzerzauster Zwergstrauchheide und raren Polsterpflanzen auch Gemsen, Steinböcke oder Adler beobachten.

Der Nationalpark jedenfalls ist der Funktion als reines Naturschutz-

△ Abenteuerland Mölltal: Pferde-Trekker am Lagerfeuer, ...　　... Rafting auf dem reißenden Fluß ▽　　Holzstege führen durch die wild-romantische Raggaklamm bei Flattach ▽

△ Hindernisse sind da, um überwunden zu werden

Herausforderung für Radsportler: Großglockner-Hochalpenstraße ▽

gebiet längst entwachsen und zu einem Wirtschaftsfaktor der Region geworden. Schließlich erscheint die Landschaftserhaltung in den Augen der Ortsgewaltigen nicht zuletzt wegen des im Trend liegenden naturnahen ›Qualitätstourismus‹ äußerst sinnvoll.

Fremdenmagnet ersten Ranges

Denn die Berge sind heute ein Fremdenmagnet ersten Ranges, und wichtigste Einnahmequellen sprudeln aus der Tourismusindustrie. Sind es im Winter die bunten Ski- oder Snowboardfreaks, die neben den Souvenirshops das Ortsbild prägen, geben im Sommer mit Bergschuhen und Pickel bewehrte Wanderer und Kletterer den Ton an. Sogar gefürchtete Wildbäche, wie die Ragga oder der Kaponigbach, deren Hochwasser im Lauf der Jahrhunderte so manche Existenz zerstörte, stehen heute im Dienst der Touristen. ›Riverboard‹ heißt einer der jüngsten Schlager der Funsport-Industrie: an einem Seil mit einem Brett in den Stromschnellen des Wildflusses hängend – die reinste Wonneangst.

Unbeirrbare Freiheitskämpfer

Der Kärntner habe sich – so das gängige Bild – immer beharrlich und unbeirrbar gegen alles gewehrt, was ihm aufgezwungen wurde. In Möllbrücke am Beginn des Mölltals werden daher die Kugeleinschläge im Gasthof Post, die an eines der Scharmützel des Freiheitskämpfers Johann Baptist Türk mit den Franzosen von 1809 erinnern, wie Reliquien gehütet. Und daß Kärnten nach dem Zusammenbruch der Habsburger Monarchie ganz besonders vehement um den ungeteilten Verbleib beim heutigen Österreich kämpfte, gibt allemal Stoff für eine dauerhafte Legendenbildung.

Bäuerlich geprägt: die Küche

Tatsache ist, daß die Kärntner lange unter dem Feudalsystem zu leiden hatten. Das blieb nicht ohne Einfluß auf den ländlichen Menüplan. Denn Fleisch stand nur dem Grundherrn zu. Der hörige Bauer erhielt allenfalls die Reste: Hirn, Haxen oder Eingeweide. Aus der Armut heraus entstanden die

△ Romantik pur: Georgskirche am Kolbnitzer Danielsberg   Gut ausgestattet: Obervellachs Pfarrkirche ▽   Relikt früherer Tage: Obervellachs altes ›Gewerkschaftshaus‹ der Knappen ▽

Obervellach: Ein Jugendwerk des Jan van Scorel ist der Sippenaltar (um 1520) ▽

Eine Festung wie aus dem Bilderbuch ist auch als Ruine noch die Burg Falkenstein aus dem 12. Jahrhundert bei Obervellach ▽

kräftige ›Frigga‹, eine Kalorien- und Cholesterinbombe aus geschmolzenem Käse, Eiern, Speck und Kartoffeln, oder die ›Schlickkrapflan‹, mit gehackten Innereien gefüllte Teigtaschen, vor allem aber Kärntens Nationalgericht: die Kasnudeln, die in ihrer reinsten Form eine Mischung aus Kartoffeln, Topfen und Minze umhüllen.

Die Mär, der Kärntner ernähre sich ausschließlich davon, hält näherer Überprüfung freilich nicht stand. In Döllach etwa hat man sich auf nichts Geringeres als ›Mölltaler Kaviar‹ spezialisiert. Der Rogen von Forellen oder Saiblingen wird von Laichfischen aus den Bächen der Region gewonnen und vor Ort zubereitet.

›Goldene‹ Luft in Obervellach

Der Vergänglichkeit anheimgefallene Pracht strömt die ehemalige Bergbaumetropole Obervellach aus. Längst blättert der Verputz von den einst schmucken Fassaden, die daran erinnern, daß die nahen Minen so ergiebig waren und der Oberstbergmeister für die innerösterreichischen Länder hier seinen Sitz hatte. Im Mittelalter wurden in den umliegenden Bergen Silber, Kupfer, Bergkristalle und vor allem Gold abgebaut, weshalb ein Teil der Hohen Tauern bis heute den Namen Goldberge trägt.

Anfang des 17. Jahrhunderts begannen die Gletscher zu wandern, und viele Gruben konnten nicht mehr ausgebeutet werden. Der Legende nach war der wenig gottgefällige Übermut der Knappen daran schuld. Tatsächlich dürfte ein Klimawechsel den Ausschlag gegeben haben. Goldwäscherei wird nunmehr nur noch als Freizeitvergnügen für romantisch veranlagte Gemüter betrieben, die mit Spaten, Sieb und Waschschüssel ausziehen, um mit leeren Händen wieder zurückzukehren.

Jüngst versucht man, aus einem anderen Element Kapital zu schlagen. Man besinnt sich der gesunden Gebirgsluft, in der sich Streß abbauen und Energie gewinnen läßt für die Belastungen des Alltags in unserer modernen Leistungsgesellschaft: Die Obervellacher Schrothkur hat schon so manchen Prominenten, ob nun Schauspieler, Politiker oder Generaldirektor, wieder fit gemacht.

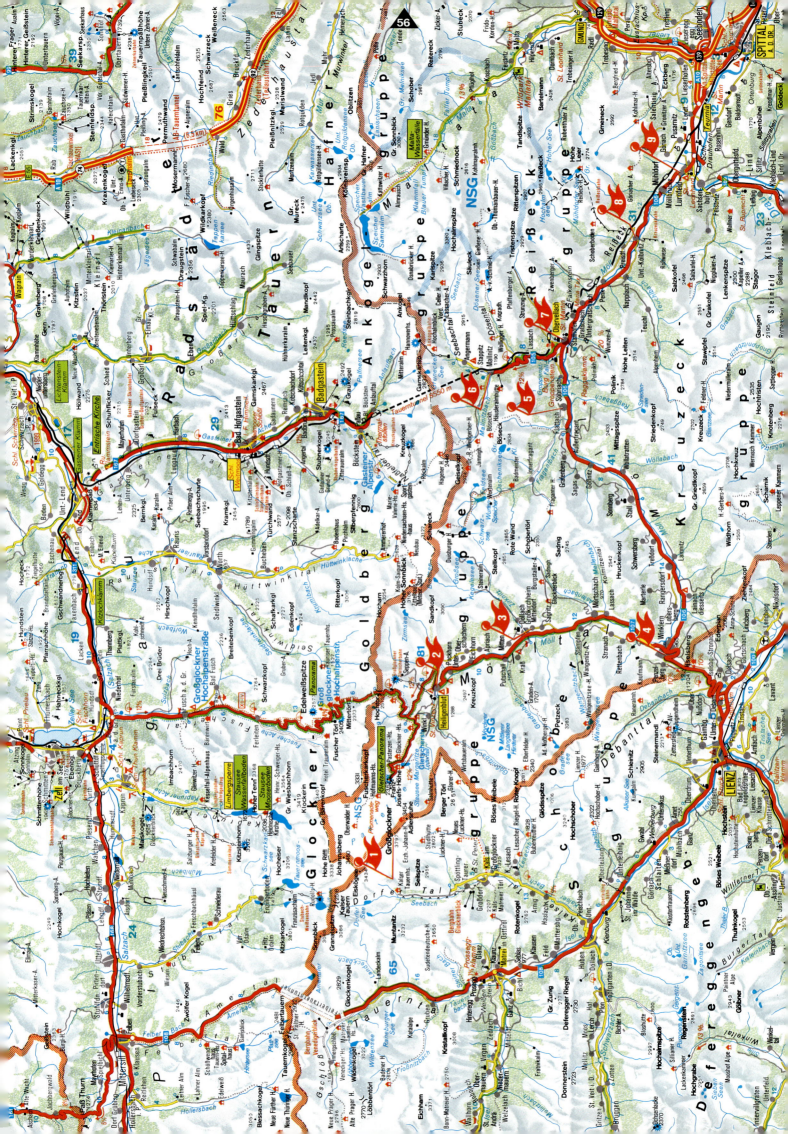

Wo gibt es was?

Fähnchennummer = Textnummer   ❶ = Auskunft

Großglockner ①

Die Glocknergruppe um den Großglockner (3797 m) liegt im Herzen des Nationalparks Hohe Tauern (1800 km²). Die von Natur-Schaupfaden und Pulttafeln begleitete Großglockner-Hochalpenstraße (max. Steigung 12 %.; Mai–Okt. mautpflichtig) verbindet Heiligenblut (1301 m) über das Hochtor (2056 m) mit Bruck in Salzburg. Von der Hochalpenstraße führt die Gletscherbahn in 2 min. (Juni–Okt.) auf die Pasterze, den längsten Gletscherstrom der Ostalpen. Stützpunkte für Wanderer sind das Glocknerhaus (2131 m), die Hofmannshütte (2444 m), die Oberwalder-Hütte (2973 m) am Rand der Pasterze, die Erzherzog-Johann-Hütte (3454 m).
Aktivitäten: Alpinausstellung Großglockner (ganzjährig); Juli/Aug. botanische Wanderung (mo), Wildbeobachtung (di), Kinderabenteuertag (mi), Gletscherlehrweg Pasterze (do), Kulturwanderung Apriach (fr).
❶ Nationalparkverwaltung Hohe Tauern, Döllach 14, A-9843 Großkirchheim.

Heiligenblut ②

Der Erholungsort (1301 m) erstreckt sich in schöner Lage im Norden des Mölltals.
Sehenswert ist die Pfarr- und Wallfahrtskirche St. Vinzenz (15. Jh.) mit gotischem Flügelalter (um 1520), Sakramentshaus (1496) mit der Heiligblutreliquie, Krypta mit dem Grab des hl. Brictius (17. Jh.) und am Friedhof dem Totenbuch der Bergsteiger.
Museen: In *Apriach* (4 km südl.) findet man ein Freilichtmuseum alter Stockmühlen (18. Jh.; frei zugänglich) und das Bergbauernmuseum Mentlhof (Mitte Juni bis Mitte Sept. mo, mi, fr, so 12–16 Uhr).
Aktivitäten: Hallenbad; Tennis; Mountainbiking; geführte Gletscher- und Bergtouren auf Großglockner und andere Dreitausender, z.B. Hoher Sonnblick (3105 m mit Österreichs höchster Wetterstation); Goldwaschen (Juni–Sept.); im Winter Skifahren, z.B. am Schareck (2604 m), Snowboarding mit Halfpipe (= Snowboardpiste).
Veranstaltungen: Sternsingen (5. Jan.); Pinzgauer Wallfahrt (28. Juni); Kräuterweihe (15. Aug.).
❶ Tourismusverband, Hof 4, A-9844 Heiligenblut.

Großkirchheim ③

Die heute von Bauernwirtschaft geprägte Mölltal-Gemeinde (1024 m) war um 1500 Verwaltungszentrum der südlichen Tauern und Wohnsitz von Bergbauunternehmern.
Sehenswürdigkeiten: Diese errichteten auch das Schloß, jetzt Museum für Goldbergbau und Volkskunde (Führungen April bis Okt. tgl. 10, 11, 13.30, 15, 16.30 Uhr).
Aktivitäten: Schwimmbad; Hochgebirgstouren in die Schobergruppe und zu Kärntens höchstem Bergdorf *Asten* (1784 m) in der Asten (7 km südl.); Wandern, z.B. durch die urige Bachschlucht der Zirknitzgrotte; Trekking; Reiten; Mountainbiking; Angeln; im Winter Skifahren, Langlauf, Rodeln, Eisstockschießen.
Veranstaltungen: Sternsingen (1. Jan.); Krampusumzug (5. Dez.).
❶ Gemeindeamt, Döllach 47, A-9843 Großkirchheim.

Winklern ④

Der Markt (950 m) mit Mautturm (14. Jh.) und gotischer Pfarrkirche (12. Jh.) markiert den Südwestwinkel des Mölltals.
Aktivitäten: Freibad; Tennis; Radfahren; Mountainbiking; 54 km Wanderwege; Wildwasserfahren; Paddeln; im Winter Gratisskibus nach Heiligenblut-Großglockner, (Nacht-)Skilauf, Skitouren, Langlauf, Eisstockschießen, Pferdeschlittenfahrten. In *Lainach* (8 km östl.) kleines Bauernbad mit eisen- und schwefelhaltiger Quelle.
Veranstaltungen: Sonnwendfeier (Ende Juni); Kirchtag (Aug.); Dorffest (1. Wochenende im Aug.); Kräutersegnung (15. Aug.); Gipfelmesse Straßkopf (Sept.).
❶ Tourismusverband, A-9841 Winklern 9.

Flattach ⑤

Das Dorf (699 m) liegt im östlichen Mölltal an der Mündung der Fragant.
Aktivitäten: Freibad; Radwege; Tennis; Rafting; Trekking; Wanderungen zu Duisburger Hütte (2650 m), Weißseehaus (2500 m) und Fraganter Hütte (1800 m). Der Stausee Gößnitz lädt zum Schwimmen und Surfen ein. Bis Juni schneesicher sind die Skigebiete am Mölltaler- und Wurtengletscher (bis 3120 m).
Sehenswert im Fragantbachtal ist das Hüttendorf im ›Raka-Graben‹, das an den Kupferabbau (bis 1923) erinnert. Ein Kulturlehrpfad (Gold, Kupfer, Eisen) folgt den ›Spuren der Bergknappen‹ in den Goldstollen (Führungen Juni–Sept. nach Anmeldung bei der Tourismusgesellschaft). Über Holzstege begehbar ist die wildromantische Raggaklamm (Juni–Okt.).
Veranstaltung: Ski-Opening (Okt).
❶ Tourismusgemeinschaft Mölltaler Gletscher, A-9831 Flattach 99.

Mallnitz ⑥

Der idyllische Luftkurort (1200 m) inmitten imposanter Hochgebirgslandschaft mit mehreren Almtälern hat seinen alten Dorfcharakter bewahrt. Der Tauerntunnel (8,6 km) verbindet mit Böckstein im Gasteinertal (Autoverladung per Bahn).
Aktivitäten: Erlebnisbad; Tennis; Mountainbiking; Canyoning und Rafting auf der Möll; Angeln; geführte Wanderungen auf über 200 km markierten Wegen; Hochgebirgstouren; Klettern; Bergsteigerschule; Nationalparkführungen. Besondere Attraktion ist der Nationalpark-Bummelzug. Die Ankogelbahn (bis 2650 m) erleichtert den Anstieg auf den Tauernhöhenweg, einen Hüttenrundgang in 2000–2400 m Höhe.
Veranstaltungen: Neujahrskonzert (2. Jan.); Ski-Fasching (Feb.); Dorffest (Juli).
❶ Urlaubsinformation, A-9822 Mallnitz 11.

Obervellach ⑦

Der Ort (686 m) im östlichen Mölltal erlebte im 15./16. Jh. goldene Bergbauzeiten, woran die behäbigen Bürgerhäuser am Marktplatz erinnern. Heute Österreichs einziger Schrothkurort, werden Fitneß-Schlankheits-, Radiästhesieprogramme sowie Heilkräuterwanderungen angeboten.
Sehenswert sind in der Pfarrkirche mit ihren hohen Wehrtürmen (15. Jh.) die Altargemälde des Niederländers Jan von Scorel (16. Jh.), der Faulturm (13. Jh.), das Barockschloß Trabuschgen (heute Pension), die mächtige Burg Groppenstein (13. Jh., Privatbesitz), die Burgruine Falkenstein (Ursprung 12. Jh.), die spätgotische Kirche Maria Tax in *Stallhofen* (3 km südl.).
Aktivitäten: Hallen- und Freibad; Tenniszentrum; Reiten; Drachenfliegen; Paragleiten; Rafting; Hydrospeed; Kanuten; Angeln; Wandern; im Winter Skifahren. Gute Nerven verlangt die ›Mystery Tour‹ durchs Galgenwäldchen mit originaler Richtstätte.
❶ Fremdenverkehrsamt, A-9821 Obervellach 21.

Kolbnitz ⑧

Das Dorf (620 m) im Südwesten vom Mölltal ist die Talstation der Bergbahnen Kreuzeck–Speichersee–Roßwiese sowie Reißeck–Schoberboden, von dort Bergbahn zum Großen Mühldorfer Stausee.
Sehenswert sind auf dem Danielsberg (960 m) mit Resten vorzeitlicher Kultstätten das St. Georgskirchlein (16. Jh.) und das malerische Gasthaus ›Herkuleshof‹.
Aktivitäten: Freibad; Tennis; Mountainbiking; Kanuten; Rafting; Paragleiten; im Winter Skifahren, Langlauf, Eisstockschießen, Eislaufen, Rodeln, Hundeschlittentrail.
Veranstaltung: Georgifest am Danielsberg (letzter So im April).
❶ Touristikbüro Reißeck, Unterkolbnitz 50, A-9815 Kolbnitz.

Lurnfeld ⑨

Zu der idyllischen Marktgemeinde im südwestlichen Mölltal gehören *Möllbrücke*, *Pusarnitz*, *Göriach* und *Pattendorf*.
Aktivitäten: Tennis; Radeln; Mountainbiking; Wandern; Bergsteigen; Drachenfliegen; Paragleiten; Angeln. Spezielles Vergnügen ist das Erlebnisbad Möllbrücke.
Markt u. Veranstaltung: Lurnfelder Eisenwadl (Juli); Michaelimarkt (Sept.).
❶ Touristikbüro Lurnfeld, Hauptstr. 2, A-9813 Möllbrücke.

Maßstab 1:300.000

Zum farbenfrohen
Erntedankfest von
Maria Luggau im
Lesachtal gehört
auch die Blasmusik.

Natur pur, die Täler der Karnischen Region

Abgeschieden zwischen Lienzer Dolomiten, Gailtaler und Karnischen Alpen hat das Lesachtal manche Entwicklung verschlafen. Noch vor gar nicht so langer Zeit galt dies als rückständig. Heute geben Urigkeit und traditioneller Lebensstil dem Tal den besonderen Reiz. Durch die Karnische Region, eines der bekanntesten Wander- und Klettergebiete der Südalpen, führen Wege mit verheißungsvollen Namen wie ›Geotrail‹ oder ›Friedensweg‹. Andere lockt der Weißensee – Österreichs höchstgelegener Badesee mit zwei Drittel unverbauten Ufers. Wo gibt's das noch?

△ Ziel langer Wanderung ist der Wolayer See in den Karnischen Alpen, ... auf den man von der Eduard-Pichl-Hütte blickt ▽

△ Kärntens Botanikstar: blühende Wulfenia am Gartnerkofel

△ Auf einem ›Friedensweg‹ in den Karnischen Alpen   Rettung aus der Luft per Hubschrauber am Wolayer See ▽

Dichter haben sie besungen, die botanische Eiszeitrarität, die am 2195 Meter hohen Gartnerkofel nächst dem Naßfeld wächst: die blaue Blume Wulfenia. Ihre Herkunft ist ein Rätsel. Nur noch hier und am Himalaya gedeiht diese seltene Pflanze, die Ende Juni in voller Blüte steht. So sehr die Wulfenia auch von Botanikern bewundert wird, sie ist nicht der Grund dafür, daß hier Sommer für Sommer erwachsene Menschen in gebückter Haltung mit kleinen Hämmerchen Boden und Felsen bearbeiten. Den Geologen dienen die Karnischen Alpen als Lehrstück: Kaum anderswo gibt die Erde einen derart komprimierten Einblick in die vergangenen 500 Millionen Jahre ihrer Geschichte. Muscheln, versteinerte Meerestiere und Pflanzen erzählen von der subtropischen Vegetation zur Zeit ihrer Entstehung.

Und am Wegesrand des jüngst geschaffenen Geotrails, eines 350 Kilometer langen Wandernetzes zwischen Gail-, Gitsch- und Lesachtal, entdeckt selbst der Laie immer wieder Farne oder Tiere, die auch versteinert noch höchst rezvoll sind. Naturpfade, Informationstafeln und Fossilienausstellungen lassen hier eine halbe Milliarde Jahre an Erdgeschichte lebendig werden.

Völkerverbindende Fronten

Die Karnischen Alpen haben aber auch andere Zeiten erlebt. Hier lagen im Ersten Weltkrieg Soldaten in Stellung. Daran erinnert das Plöckenpaßmuseum. Oder die Granate, die später in den Turm der Kirche von Kötschach-Mauthen eingemauert wurde, als Mahnmal an den Gebirgskrieg, den sich ab 1915 Österreich und Italien zwischen Ortler und Isonzo lieferten.

Mitte der 70er Jahre begannen der Verein der ›Dolomitenfreunde‹ und engagierte Idealisten beider Länder, verfallene Frontsteige, Kavernen und Stellungen wiederherzustellen und durch Wanderwege zu erschließen. Die ›Friedenswege‹, die dort verlaufen, wo einst die Fronten die Menschen trennten, sind heute Ausdruck bilateraler Harmonie.

Damit es so bleibt, reckt sich hoch oben bei dem auf 1959 Metern gelegenen Wolayer See ein Gedenkstein

△ Maria Luggau: Kirche und Servitenkloster beherrschen das Ortsbild, ... Malerei die Hausfassaden ▽   An den Steilhängen des Lesachtals bedeutet die Heuernte viel Handarbeit ▽

Blickfang im Lesachtal sind die Stationen zum Kalvarienberg von St. Jakob ▽

Landleben hautnah: Auf so manchem Bauernhof im Lesachtal warten die Kälbchen darauf, von Kindern gestreichelt zu werden ▽

wie ein mahnender Zeigefinger in den Himmel. Der Wolayer See ist eines der beliebtesten Wanderziele der Region, ein Juwel inmitten der herrlichen Gebirgswelt, begrenzt von den Felsen der Seewarte, die fast senkrecht zum See hinabstürzen.

›Unberührtes‹ Lesachtal

Bis vor kurzem war das Lesachtal im äußersten Südwesten Kärntens, zwischen den Karnischen Alpen und den Lienzer Dolomiten, vielen Österreichern nur aus dem Verkehrsfunk bekannt. Bevor nämlich die Straße ausgebaut wurde, konnte ein strenger Winter das Tal von der Außenwelt abschneiden. Dann stand das Leben still. Dank seiner konsequenten Umweltpolitik für einen sozial- und naturverträglichen Tourismus wurde das Tal jetzt zum Vorbild und sein Bekanntheitsgrad stieg rapide. 1995/96 wurde es von den Naturfreunden International zur ›Landschaft des Jahres‹ gewählt.

In Höhenlagen zwischen 900 und 1500 Metern liegen Streu- und Straßensiedlungen, die Luft duftet nach Heu, das Wasser der Bergquellen ist klar wie Kristall. Die Lesachtaler haben das Potential der Natur erkannt und üben sich in kalkulierter Selbstbeschränkung. Bauprojekte, die den Landschaftscharakter zerstören könnten, sind ebenso tabu wie die Erschließung der Berge durch Lifte und Skipisten.

Auch die Bundesstraße wurde nur so weit ausgebaut, daß ein reibungsloser Ablauf des Verkehrs gewährleistet ist. Sie schlängelt sich wie einst in schwindelerregenden Kehren über Gräben, Schluchten und Senken. Unter Motorradfahrern gilt sie deshalb als besonders attraktiv. Da kommt es schon zu mancher Schrecksekunde, wenn mitten auf der Straße ein Motorradklub in geschlossener Formation heranbraust. Das sind aber die einzigen Störenfriede, denn das Lesachtal hat sich weitgehend den Verkehrsströmen und seinen umweltbedrohenden Begleiterscheinungen entzogen.

Bewährt: sanfter Tourismus

Dabei machten gerade diese Abgeschiedenheit und die mühevollen Lebensbedingungen den

△ Auf alte Bildstöcke trifft man in Kärnten allerorten, auch in Reisach im Obergailtal

△ Zum Fest gehören Tracht und Musik: Erntedank ...   ... und Marienwallfahrt in Maria Luggau ▽

△ Maria Luggau: Vorbetermühle　　Thörl-Maglern: Fresken mit ›Lebendem Kreuz‹ des Thomas von Villach in St. Andrä ▽

Lesachtalern ihr Dasein besonders einst so schwer. Die Hänge sind großteils zu steil, um mit landwirtschaftlichen Geräten bearbeitet zu werden. Gemäht wird mit der guten alten Sense. Mehr als die Hälfte der rund 1700 Bewohner sind Bauern. Ein Hof trägt aber höchstens einen Bewirtschafter, so daß immer mehr Menschen abwanderten.

Um das Tal vor dem Aussterben zu bewahren, wurde mit Unterstützung des Landes Kärnten erfolgreich das Projekt ›sanfter Tourismus‹ gestartet. Nirgendwo sonst bildet Kärnten in puncto Umweltschutz, Bewirtschaftung und baulichem Gleichklang einen so harmonischen Eindruck. Neue Heustadel werden im alten Stil gebaut. Die ›Heuschupfen‹ auf den Almwiesen und die ›Kös'n‹ – hohe Sprossengestelle zum Heu- und Getreidetrocknen – wurden vor dem Verfall gerettet. Wettergegerbte Bauernhäuser zeigen stolz ihre renovierten Lüftlmalereien, und sieben von einst über hundert Mühlen haben wieder den Betrieb aufgenommen.

Pilgerziel Maria Luggau

Auch das Servitenkloster und die barocke Wallfahrtskirche Maria Schnee in Maria Luggau wurden nach alten Plänen restauriert. Seit Jahrhunderten pilgern Kärntner, Tiroler und Italiener hierher. Zu den Marienfeiertagen und beim Erntedank wehen dann die alten Kirchenfahnen, und manches heiratswillige Paar schließt den Bund fürs Leben. Feste zu feiern ist überhaupt eine Stärke der Lesachtaler. Fester Bestandteil sind dabei die Prozessionen, die meist unter Mitwirkung der örtlichen Musikkapellen abgehalten werden – und in den alten Trachten. Wie die Mundart haben auch sie, besonders im oberen Lesachtal, einen stark tirolerischen Einschlag.

Gefragt: Naturprodukte

Traditionen pflegt auch der Bauernladen in einem typischen Lesachtaler Bauernhaus, das 1991 von Moos in den Dorfkern von Maria Luggau übertragen wurde, – und er floriert. Etwa sechzig Lesachtaler beliefern das Geschäft mit eigenen Produkten. Mit Bauernbrot, Speck, Käse, Honig ebenso wie mit Jacken und Pullovern aus ungefärbter Schaf-

△ Im Juli und August sorgen Floßkonzerte für Stimmung ...   ... auf dem idyllischen Weißensee ▽

Im Winter wird der Weißensee zu Europas größtem natürlichen Eislaufplatz ▽

Eingebettet in ein großes Landschafts- und Naturschutzgebiet, laden die bewaldeten Ufer vom Weißensee zum Wandern ein ▽

Von Kötschach-Mauthen bis Waldegg bei Kirchbach im Obergailtal findet jeden Februar ein großes Hundeschlittenrennen statt ▽

wolle, Filzpantoffeln oder auch Holzrechen. Zu recht spricht die Betreiberin vom ›Segen der Langsamkeit‹.

Von Lämmern und Bären

▬ Bezeichnend für den Lesachtaler Zeitgeist ist auch das Unternehmen von Anton und Berta Knotz in Birnbaum. Gemeinsam mit anderen Bauern haben sie den Verein ›Lesachtaler Lamm‹ gegründet. Etwa 350 Tiere ist die Herde groß, die ein halbes Jahr lang in den Karnischen Alpen das Leben von Bergschafen führt. Während die Bäuerin Steppdecken herstellt, ist seine Aufgabe das Schlachten und Wursten. Anton Knotz verbürgt, daß seine Schafskesselwurst nur Fleisch, Gewürze und reines Kochsalz enthält. Und sonst nichts. ›Wir sind ein Paradebeispiel dafür, daß man trotz der extremen Lage von der Landwirtschaft leben kann‹, zieht er Bilanz. Auch wenn Rückschläge eingesteckt werden müssen. Denn seit ein paar Jahren haben sich in Kärnten Braunbären angesiedelt. Für Anton Knotz hat der Appetit der Einwanderer aus Slowenien allerdings merkliche Folgen: Pro Jahr vergreifen sie sich an über einem Dutzend seiner Schafe.

Urlaubsidylle Weißensee

▬ Eine gelungene Kooperation zwischen Fremdenverkehr und Umweltbewußtsein erlebt seit Jahrzehnten bereits der Weißensee. Österreichs höchstgelegenen öffentlichen Badesee umgibt ein großes Landschafts- und Naturschutzgebiet. Zwei Drittel des Ufers sind unverbaut, und kein Durchgangsverkehr stört die Idylle. Der Lohn kam 1996 in Form eines EU-Preises, der das ökologische Gesamtkonzept der Region würdigte.
Zuverlässig mit Winterbeginn verwandelt sich der Weißensee in eine der größten natürlichen Eisflächen Europas. Eine Eisstärke von bis zu 40 Zentimetern erlaubt dann Vergnügungen wie die bereits Tradition gewordene Eisgolfwoche oder den Eisschnellmarathon über 200 Kilometer, an dem großteils Sportler aus den Niederlanden teilnehmen, wird er doch als Alternative zu Hollands Elf-Städte-Tour geführt. Denn im Gegensatz zum Weißensee frieren die Grachten nicht jedes Jahr zu.

△ Einsam auf weiter Flur südlich von Berg im Drautal liegt die Athanasiuskirche mit ihrem hohen spätgotischen Chor

Drachentöter St. Georg: Fresko aus Gerlamoos' Georgskirche ▽

Einst harte Arbeit, heute vergnügliches Fest: Flößen auf der Drau ▽

△ Blick auf Kärnten aus luftiger Höhe: Paragleiter am 2371 Meter hohen Reißkofel in den Gailtaler Alpen

△ Idealer Standort für Ausflüge zu Seen und Bergen ist Oberdrauburg   250 Kilometer Radelspaß bietet der Drauradweg ▽

Kufenstechen im Untergailtal

▬ Noch unverheiratet und Bursche muß man sein, wenn man beim Kufenstechen am Pfingstmontag im Untergailtaler Feistritz mitmachen will. Dabei wird versucht, im Vorbeireiten ein auf einem Pfahl angebrachtes hölzernes Faß zu zerschlagen. Der Ursprung des Brauchs ist umstritten: Eine Version besagt, es handle sich um eine bäuerliche Variante mittelalterlicher Ritterspiele, nach anderen Versionen geht er auf die Türkeneinfälle im 15. Jahrhundert zurück. Feistritzer Bauern soll es damals nämlich gelungen sein, eine Schar Türkenkrieger gefangenzunehmen. Man band sie angeblich an einen Pfahl und behandelte ihre Köpfe so wie heutzutage die Kufe. Wie dem auch sei: Heute ist das Feistritzer Kufenstechen einer der ursprünglichsten Bräuche Kärntens, der aufgrund der stolz zur Schau getragenen Trachten stets ein farbenfrohes Bild abliefert.

Flößen und Radeln im Drautal

▬ Bestandteil des kulturellen Brauchtums ist auch das Flößen auf der Drau. Früher war es harte Arbeit zur Holzbringung. Heute können größere Gruppen gegen Anmeldung dieses ›Geschäft‹ sogar selbst wahrnehmen. Von der sanften Strömung getrieben, vorbei an unberührten Auwäldern und satten Wiesen, verspricht eine Floßfahrt auf der Oberen Drau ein besonderes Erlebnis.

Wer lieber festen Boden unter den Füßen hat, auf den wartet der Drauradweg. Quer durch Osttirol und Kärnten führt er auf 250 Kilometern Länge von Sillian bis Lavamünd immer am Fluß entlang – familienfreundlich durch ebenes Gelände und eigentlich stets bergab.

Warmbadefreuden im Gailtal

▬ Besondere Sommerfreude bietet auch der Pressegger See nahe Hermagor am Beginn des Untergailtals. Mit seinen bis zu 28 Grad Celsius ist er nicht nur einer der wärmsten Badeseen Österreichs, dank der prächtigen Gebirgskulisse gehört er auch zu deren schönsten. Ganz allgemein: Kärntens Seen erwärmen sich rasch, auch wenn solche Badewannentemperaturen nun doch eher die Ausnahme bilden.

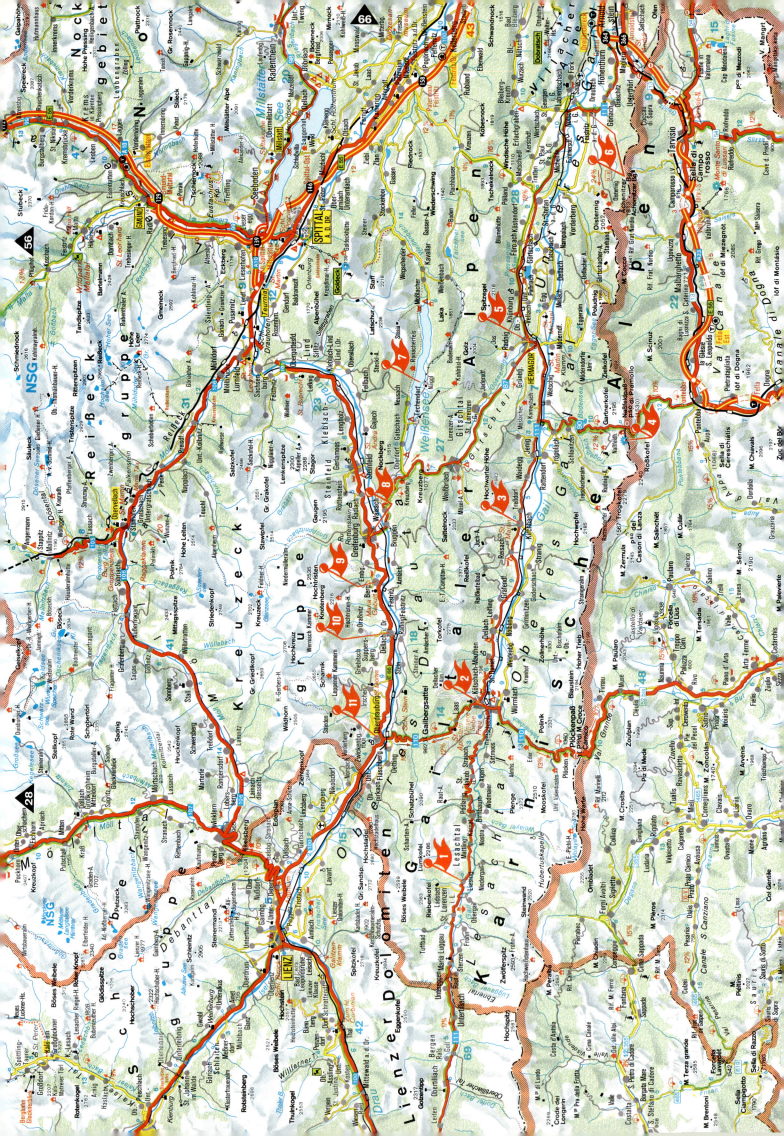

Wo gibt es was?

Fähnchennummer = Textnummer ❶ = Auskunft

Lesachtal ①

Die Großgemeinde (950 m) umfaßt *Maria Luggau, St. Lorenzen, Liesing, Birnbaum*.
Aktivitäten: Über 300 km markierte Wanderwege mit schönen Touren zum Hochweißenstein-Haus (1905 m) und zur Eduard-Pichl-Hütte (1958 m) am Wolayer See; Klettern; Angeln; Paddeln; Rafting; Erlebnis-Freibad in *Liesing*; Mineralheilbad ›Tuffbad‹ bei *St. Lorenzen* für Kuren bei Rheuma, Gicht, Gallenleiden, vegetativen Störungen.
Sehenswert sind das historische Zentrum von *Maria Luggau* mit der Wallfahrtskirche Maria Schnee (15./18. Jh.) und dem angrenzenden Servitenkloster, bei *Liesing* das Kirchlein St. Radegund (ca. 1058).
Museen: In *Maria Luggau* bietet der ›Bäckwirt‹ (um 1515) neben ›Schlickkrapfen‹ ein Museum mit alten Bäckereimaschinen und Küchengerät (Anmeldung beim Wirt). Einblick in das bäuerliche Leben geben das Freilichtmuseum Luggauer Wassermühlen (frei zugänglich), die Brechelstube und das Museum des Bauerns Sach und Zeug (Anfrage beim Verkehrsverein Lesachtal).
Märkte u. Veranstaltungen: In *Maria Luggau* Bauernmarkt (Juli–Sept.), Lukasmarkt (18. Okt.), Maria Himmelfahrt-Prozession (15. Aug.), Sappada-Wallfahrt (15. Sept.); in *Liesing* Anna-Kirchtag (26. Juli); in *St. Lorenzen* Kirchtag (10. Aug.); in *Birnbaum* Michaeli-Kirchtag (29. Sept.)
❶ Verkehrsverein Lesachtal, A-9653 Liesing 29.

Kötschach-Mauthen ②

Der Doppelort (710 m) ist als Wander- und Klettergebiet der Südalpen bekannt.
Aktivitäten: Hallen-, Frei- und Waldbad; Tennisplätze; über 100 km Wanderwege aller Schwierigkeitsgrade; 350 km Geotrail; Radwanderwege; im Winter 60 km Langlaufloipen.
Sehenswert sind die Pfarrkirchen von Kötschach (um 1520) mit bemerkenswertem Rippengewölbe und die von Mauthen (15./18. Jh.) mit prächtigen Wandmalereien.
Museen: An den Ersten Weltkrieg erinnern das Museum ›Vom Ortler bis zur Adria 1915–1918‹ im Rathaus (Mai–Okt. mo–fr 10–13 u. 16–18, sa/so 14–18 Uhr) und das ›Freilichtmuseum‹ Plöckenpaß (5 km südl.), an alten Stellungen vorbeiführende Wanderrouten (frei zugänglich).
Veranstaltungen: Musiktage (Jan., Aug./Sept.); Käsefest (Sept.).
❶ Fremdenverkehrsverein, Rathaus, A-9640 Kötschach-Mauthen 390.

Kirchbach ③

Das große Gemeindegebiet (640 m) im Obergailtal umfaßt rund 99 km².
Aktivitäten: Freibad; Wanderrouten; Spazierwege; Mountainbiking; Drachenfliegen; Rafting; Angeln; (Sommer-)Rodelbahnen; im Winter 50 km Langlaufloipe, Eislaufen, Eisstockschießen; Kneipp-Kuranstalt am Fuß des Reißkofels (2371 m).
Sehenswert sind die große Doppelmühle (18. Jh.) in Kirchbach, die gotischen Bildstöcke (um 1500) an jedem Ortsende von *Reisach* und in *Grafendorf* die romanische Kirche St. Helena auf dem Wiesenberg.
Veranstaltungen: Kräuterweihe (Aug.); Kirchtag (Sept.); Erntedankfest (Okt.).
❶ Gästeinformation, A-9632 Kirchbach 155.

Sonnenalpe Naßfeld ④

Die Paßlandschaft (1538 m) an der Grenze zu Italien hat moderne Hotelinfrastruktur.
Aktivitäten: Tennisplätze; Zentrum für Wanderer, Bergsteiger, Hobbygeologen und Botaniker; im Winter Wanderwege, Eislaufen, 23 Skilifte mit über 100 km Piste, 6 Tal- und 2 Höhenloipen sowie Anschluß an das Langlaufzentrum Oberes Gailtal mit über 200 km Loipe.
❶ siehe Hermagor.

Hermagor ⑤

Die Bezirkshauptstadt (600 m) ist das wirtschaftliche Zentrum des Gailtals.
Aktivitäten: Tennisplätze; Erlebnispark; 400 km markierte Wanderwege; 150 km Radwege; am *Presegger See* (6 km östl.) mehrere Strandbäder (auch FKK), 3 Windsurfschulen, Angeln.
Sehenswert sind die gotische Pfarrkirche romanischen Ursprungs (9. Jh.), das Gailtaler Heimatmuseum im Schloß Möderndorf (Mai–Okt. mo–sa 10–13 u. 15–17 Uhr, Juli/Aug. auch so) und die Gerlitzenklamm.
Veranstaltungen: Gailtaler Speckfest (Juni); Kirchtag (Juli).
❶ Verkehrsverein Sonnenalpe Naßfeld, A-9620 Hermagor.

Feistritz an der Gail ⑥

Der ruhige Ferienort (638 m) im Untergailtal hat seinen Dorfcharakter bewahrt.
Sehenswert sind die spätgotische Pfarrkirche, in *Thörl-Maglern* (7 km östl.) die Fresken des Thomas von Villach (um 1475/1480) in St. Andrä, in *St. Stefan/Gail* (6 km westl.) die spätgotische Pfarrkirche und der Bildstock (1525).
Veranstaltung: Kufenstechen (Pfingsten).
❶ Gemeindeamt, A-9613 Feistritz/Gail 100.

Weißensee ⑦

Der Badesee (930 m) liegt in einem großen Landschafts- und Naturschutzgebiet.
Aktivitäten: Segeln; Surfen; Tauchen; Wasserski; Angeln; Tennis; Reiten; Mountainbiking; 140 km Wanderwege; im Winter Eislaufen, Eisstockschießen, Eisgolf, Skifahren, Langlauf; in *Weißbriach/Gitschtal* Frei- u. Hallenbad sowie Kneippkuren.

Veranstaltungen: Floßkonzerte (Juli/Aug.); Seefeste mit Feuerwerk (Juni/Aug./Sept.); Wiesenfeste mit Tanz (Juli/Aug.).
❶ Weißensee Information, Dechendorf 90, A-9762 Weißensee.

Greifenburg ⑧

Der zentrale Ort (640 m) des Oberdrautals wird von seinem Schloß (12. Jh.) geprägt.
Aktivitäten: Badesee; Schiffsausflüge auf der Drau; Wanderwege.
Sehenswert ist in *Gnoppnitz* (4 km nördl.) das Bergbauernmuseum (Juli/Aug. tgl. 11 bis 13 Uhr). *Steinfeld* (5 km östl.) hat gut erhaltene Bürgerhäuser. In *Gerlamoos* (6 km östl.) birgt das Georgskirchlein Fresken des Thomas von Villach (um 1470).
Märkte: Faschingsmarkt (Feb.); Veitsmarkt (Juni); Kathreinmarkt (Nov.).
❶ Gästeinformation, Hauptstraße, A-9761 Greifenburg.

Berg im Drautal ⑨

Der Erholungsort (600 m) im Oberdrautal ist klein, bietet aber viele Möglichkeiten.
Aktivitäten: Freibad; Tennisplätze; Golfplatz; Schlauchbootfahren; Bogenschießen; 300 km markierte Wanderwege.
Sehenswert sind die freskenreiche Kirche Maria Geburt (Ursprung 13. Jh.) und, auf freiem Feld, die Wallfahrtskirche St. Athanasius (1485).
Veranstaltung: Flößerfest (Aug.).
❶ Gästeinformation, A-9771 Berg/Drau.

Dellach im Drautal ⑩

Der Luftkurort (606 m) im Oberdrautal liegt in schöner waldreicher Landschaft.
Aktivitäten: Erlebnis-Schwimmbad; Tennis; Angeln; zahlreiche Spazier-, Wander- und Radelmöglichkeiten; im Winter Skilift, Langlauf, Rodeln.
Sehenswert sind Schloß Stein (Ursprung 12. Jh.), die Pfarrkirche St. Margarethen (18. Jh.) und die Weittalwasserfälle.
Veranstaltung: Kirchtag (Juli).
❶ Gästeamt, A-9772 Dellach/Drau.

Oberdrauburg ⑪

Der kleine Markt (620 m) im Oberdrautal hatte als Mautstation einst große Bedeutung, wovon die Ruine Hohenburg (um 1200) zeugt.
Sehenswert sind das Oberkärntner Masken- und Brauchtumsmuseum, Marktstraße (Juli–Sept. mo–fr 10–12 u. 17–19, sa 10–12 Uhr), in *Zwickenberg* (1 km westl.) die Leonhardskirche (um 1300) mit schönen Außenfresken, im *Pirkach* (3 km westl.) das Mühlenensemble.
Märkte u. Veranstaltung: Florianimarkt (Mai); Bauernmarkt (Aug.); Kirchtag (Sept.).
❶ Verkehrsbüro, Marktplatz 1, A-9781 Oberdrauburg.

Maßstab 1:300.000

15 km — 12,5 — 10 — 7,5 — 5 — 2,5 — 0

Der Charme der Jahrhundertwende lebt in den Villen am Millstätter See – hier Millstatt – weiter, wenn das Freizeitangebot inzwischen auch modern ist.

Zwischen Nockbergen und Millstätter See

Mitten im Auf und Ab der Nockberge, dieses besonders bei Bergwanderern so beliebten, seenreichen Naturparks, pflegt man die Tradition: Im Karlbad der Familie Aschbacher wird noch in althergebrachten Lärchentrögen gekurt. Weitaus moderner geht es in Bad Kleinkirchheim zu, wo sich der sportiv-mondäne Zeitgeist durchgesetzt hat. Als Komödienstadt einen Namen gemacht hat sich das malerische Spittal an der Drau. als touristisches wie kulturelles Zentrum am Millstätter See lockt Millstatt mit seiner berühmten Stiftskirche.

△ Gmünd: modern in seiner Galerie Kirchgasse 44, traditionsbewußt beim Festessen auf dem Hauptplatz zur 650-Jahr-Feier 1996 ▽ △ Aktuelle Malerei und Objektkunst zeigt Gmünds Galerie

△ Tänze wie im Mittelalter auf Gmünds 650-Jahr-Feier

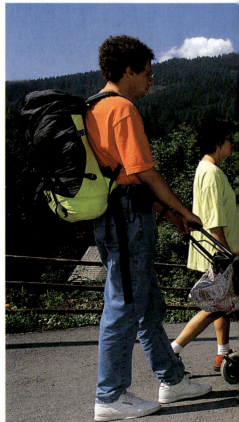

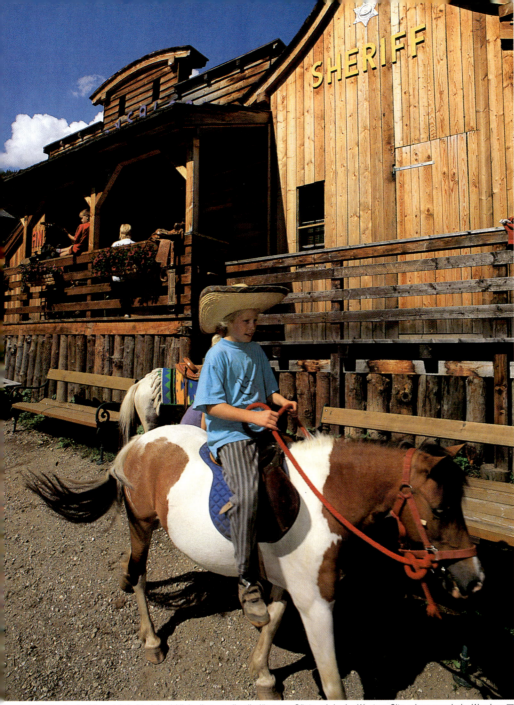

W ährend am Beginn von Lieser- und Maltatal ein riesiger Schnuller andeutet, daß sich hier alles um die kleinen und kleinsten Gäste dreht, setzen die Gmünder mitten im Kinderzauber aufs kulturelle Erbe: Eine einfühlsame Stadtplanung und privates Engagement haben die historische Burgstadt mit ihren farbfreudigen Hausfassaden und grünbemoosten Stadtmauern erhalten, an denen ab 1250, als der Ort mit erzbischöflicher Burg das Marktrecht erhielt, den Händlern der Zoll abgenommen wurde. Der Verleihung des Stadtrechts 1346 gedachteilen die Gmünder mit aufwendiger 650-Jahr-Feier.

Junges altes Städtchen Gmünd

Doch die mittelalterliche Bausubstanz lebt. Dafür sorgen die erstaunlich vielen Kunstschaffenden. Mit Sommertheater, Kleinkunstveranstaltungen und Kunstseminaren auf der Alten Burg, der Hausgalerie in der Kirchgasse von Birgit Bachmann und Fritz Russ – sie Malerin, er Bildhauer und Objektkünstler – und dem Gastatelier am Maltator, das Künstlern aus aller Welt die Möglichkeit gibt, abwechselnd auszustellen, haben sie eine überschaubare, gerade deshalb aber umso vitalere Kulturszene etabliert.

Wer abends einen Spaziergang durch die engen Gäßchen macht, und mit der nur von einem Hauch Hausbrand durchsetzten klaren Luft das Flair einer längst vergessen geglaubten Zeit einatmet, den verwundert diese Kreativität nicht. Wen die Muse geküßt hat, der wird von diesem Ambiente unweigerlich inspiriert.

Kuriose Kreuzbichlkapelle

An Ideen hat es den Gmündern anscheinend nie gemangelt. Denn schon vor über 200 Jahren errichteten sie auf einer Höhe nordöstlich der Stadt ein Kuriosum sakraler Baukunst: die durch eine Fahrstraße zweigeteilte Kreuzbichlkapelle. Genau im Jahr 1785 wurde das Kirchlein erbaut, bei dem die Reisenden um Schutz auf der damals recht abenteuerlichen Wegstrecke baten. Während der Andacht waren sie dabei Wind und Wetter ausgesetzt, ehe findige Geister am Gegenhang

△ In Trebesing im Liesertal dreht sich wirklich alles um die allerjüngsten Gäste, ob in der Western-City oder sogar beim Wandern ▽

47

△ Auf 2934 Meter Höhe: die Kölnbreinsperre   Berühmt für seine Wasserfälle: das Maltatal ▽   Sportlich, aber wunderschön ist das Radwandern im abwechslungsreichen Maltatal ▽

Ein Bauernhof wie aus dem Bilderbuch bei Sauregen auf dem Weg zur Turracher Höhe an der Grenze zur Steiermark ▽

Im Karlbad des Aschbacher-Wirts im Herzen des Nockgebiets wird noch in Lärchenholztrögen gekurt ▽

ein überdachtes Gebetshäuschen errichteten. Seitdem sind Pfarrer und Gläubige bei der Meßfeier durch die Straße voneinander getrennt.

Stürzende Wasser im Maltatal

Im Maltatal gab es einst Dutzende Wasserfälle, ehe in 2000 Meter Höhe eine mächtige Wand aus Beton errichtet wurde. Die Kölnbreinsperre ist mit rund 200 Metern der höchste Staudamm Kärntens, aber auch der undichteste. Lange hatte man nach dem Grund dafür gesucht, warum der Energiewirtschaft das Wasser davonsickerte. Bis heute gehen die Meinungen darüber auseinander, ob es an der unterschiedlichen Härte des Gesteins liegt, an das die Betonwand anschließt, oder an dieser selbst. Auf jeden Fall konnte die umfassende Sanierung vor einigen Jahren den Wasserverlust eindämmen. Die Talsperre ist durch einen 40 Kilometer langen Stollen mit einem Möllkraftwerk verbunden.

Trotz aller Wunden, die der Natur zugefügt wurden, übt das Bauwerk am Ende der 18 Kilometer langen Malta-Hochalmstraße inmitten der Bergwelt eine seltsame Faszination aus. Auch haben die Kraftwerksbauer nicht alle Wasserfälle in dem Tal zum Versiegen gebracht. Da gibt es noch die drei Gößbachfälle bei Koschach oder den imposanten Fallbach, dessen Wasser sich 150 Meter in die Tiefe stürzt.

›Archaisch‹ Kuren im Karlbad

Ein echtes kulturhistorisches Kleinod erhält seit Generationen die Familie Aschbacher am Leben, in ihrem Gasthaus direkt an der Nockalmstraße gut zwanzig Kilometer südlich von Innerkrems: das archaisch anmutende Karlbad. Wie ehedem wird hier morgens in alten Lärchenholztrögen gekurt. Heilwirkung erzielen die Mineralstoffe der Steine, die der Badwirt aus dem nahegelegenen Bachbett holt. Im Feuer erhitzt, erwärmen sie das Badewasser auf 40 Grad. Zugedeckt bis zum Hals liegt der Kurgast in der hölzernen Wanne, bis er geschlaucht, aber zufrieden dem Bade entsteigt. Der Aschbacher-Wirt ist stolz darauf, viele seiner Gäste von Ischias und Rheuma befreit zu

△ Rund 100 Kilometer Piste und 50 Kilometer Loipe bietet Bad Kleinkirchheim   △ Katschberggebiet: Blick auf die Hohen Tauern vom Aineck, ... Schlittenfahrt im Gontal ▽

In der Römertherme von Bad Kleinkirchheim kann man sogar im Winter Badespaß im Freien genießen ▽

Skihütte in Bad Kleinkirchheim: Zum Skilaufen gehört der ›Einkehrschwung‹ auf einen ›Jagatee‹ oder zum Sonnenbaden ▽

haben. Vielleicht ist es ja auch nur das urig-idyllische Ambiente, das die Anziehungskraft des Karlbades ausmacht. In seinen Trögen sind jedenfalls meist nur mehr Restplätze zu erhaschen.

Der Naturpark Nockberge

Statt eines geplanten Skizirkus' stimmten die Kärntner lieber dafür, das Nockgebiet unter Naturschutz zu stellen. So führt die Nockalmstraße von Innerkrems direkt hinein in eine reizvolle Gebirgslandschaft, die zu den interessantesten Europas zählt.

Als ›Nocken‹ werden die hunderte grünen, im Winter weißen, sanften Bergkuppen bezeichnet, die sich in 2000 Meter Höhe aneinanderreihen: der Rosennock, der Steinnock, der Schiestelnock, und wie sie alle heißen. Mantelartig werden sie von Zirben-, Lärchen- und Fichtenwäldern umgeben, wo sich Raritäten der Alpenfauna tummeln: Schneehuhn, Schneehase und der Mornellregenpfeifer ebenso wie zahlreiche endemische Insektenarten, allen voran der Mohrenfalter. Kleine Bergseen, klare Gebirgsbäche oder steil anwachsende Alpenrosenhänge vervollständigen das Bild und erwekken den Eindruck, die Natur habe sich völlig verinnerlicht und würde nur hie und da durch das heftige Keuchen der ehrgeizigen Radfahrer gestört, die sich in erklecklicher Anzahl die Mautstraße hinanquälen.

Schick: Bad Kleinkirchheim

Die Thermalquelle, die unter der spätgotischen Kirche der heiligen Katharina von Bad Kleinkirchheim entspringt, versorgte einst ein ›Bauernbadl‹. Die Einheimischen hatten seit jeher ihre Freude daran, doch mitunter trieben sie es mit dem Badespaß wohl gar zu arg. Ein Dokument aus dem Jahr 1672 erzählt, daß Hochwürden just dann zum Gottesdienst zu rufen pflegte, wenn es in den Badestuben besonders hoch her ging. Die Quelle sprudelt noch immer, doch längst speist sie das riesige Römerbad, das durch seinen Erlebnischarakter eben jenem modischen Lebensstil entspricht, der Bad Kleinkirchheim zu einem schicken Urlaubsort hat werden lassen.

51

△ Prunkstück der Jahrhundertwende ist das Hotel ›Hubertusschlößl‹ in Millstatt

△ Bedeutend ist Millstatts einstiges Benediktinerstift mit großer Pfeilerbasilika ...

... und stimmungsvollem Kreuzgang, der sich in Rundbögen zum Hof öffnet ▽

△ Eine Augenweide: Blick auf Millstatt vom See   Hier möchte man bleiben: Terrassencafé unter alten Bäumen am Seeufer ▽

Nur fünf Kilometer entfernt liegt das Gegenstück zum marktorientierten Treiben Kleinkirchheims mit Iglu-Disko, Kunstschneeanlage, Snowboardfun und Animationsprogramm: Es ist das verträumte St. Oswald, das seinen Charakter als Bergbauerndorf erhalten hat. Rund um die spätgotische Pfarrkirche scharen sich beispielhafte Exemplare traditioneller Kärntner Bauernhausarchitektur. Die St. Oswalder wissen um die Ästhetik der hölzernen Stadel, Schupfen und Balkone. Sie pflegen ihr Ortsbild, schmücken es mit farbenprächtigen Blumen und – wer will es ihnen verübeln? – naschen am Gästekuchen kräftig mit.

Millstatt: Nizza von Kärnten

Zu Zeiten aber, als sich in Kleinkirchheim Fuchs und Hase noch in aller Ruhe gute Nacht sagen konnten, wurden in Millstatt bereits schwere Koffer abgeladen. Für Adel und Großbürgertum erfüllte der Ort am Millstätter See das Ideal des ›Südlichen der mittleren Distanz‹. Man fuhr ein wenig großspurig in das ›Nizza von Kärnten‹ und wohnte folgerichtig in Häusern wie der ›Villa Bella Riviera‹.

Daß die Villenarchitektur, die seit dem ausgehenden 19. Jahrhundert die Gestade prägt, frappant an die Gründerzeitbauten der Wiener Nobelbezirke erinnert, ist kein Zufall: Das bürgerlichen Zeitalter suchte in der Fremde nicht das Unbekannte, Ungewohnte oder Neue, wie es heute der Fall ist. Es verlegte bloß den Alltag und übersiedelte gleich den gesamten Hausrat mit. Die böhmische Köchin inklusive. Eine Checkliste aus dem Jahr 1902 versah den männlichen Reisenden etwa mit ›Insektenpulver, Revolver, Signalpfeife, Orden, Schlüsselring und Tintenfaß‹, während die feine Dame ›Blumenpresse, Theatermantel und Feldstaffelei‹ auf keinen Fall entbehren durfte.

Die Moderne hält mehr auf Surfbretter, Golfschläger oder Roller-Skates. Doch abends besinnt sie sich des Freizeitverhaltens früherer Tage. Der herrliche romanische Kreuzgang des 1070 gegründeten ehemaligen Benediktinerstifts dient im Sommer als Szenario für romantische Serenadenkonzerte bei Kerzenlicht.

53

△ Wahrzeichen von Spittal ist das Renaissance-Schloß Porcia, dessen bezaubernder Arkadenhof im Sommer Schauplatz von Komödien ist ▽

△ Fürstliches Prunkbett in Spittals Schloßmuseum

Spittals Herz: Schloß Porcia

▬▬ Ob lebensfroh in Dur oder melancholisch in Moll – auch Spittal an der Drau gibt sich gerne musisch-kulturell, vom Stimmbildungsseminar über internationale Chorwettbewerbe bis zum Komödiensommer im Arkadenhof von Schloß Porcia. Eine Veranstaltung mit Tradition. Denn Komödienstadt ist Spittal bereits seit Jahrzehnten. 1995 feierte man das 35. Spieljahr.

Das repräsentative Schloß im Stil der florentinischen Renaissance ließ sich der spanische Graf Gabriel von Salamanca ab 1533 von oberitalienischen Baumeistern errichten. Seinen Namen verdankt es den Fürsten von Porcia, den Schloßherren von 1662 bis 1918. Neben dem luftig-schönen Arkadenhof kann es mit einem stattlichen Museum für Volkskultur aufwarten: 54 thematische Abteilungen informieren über die Geschichte des Volkslebens in Oberkärnten mit speziellem Kinderprogramm im Muki, dem Museum für Kinder.

Und dann kann dieses Schloß sogar noch einen Geist bieten: Weil sie ein gar hartherziges Frauenzimmer war, das seine Hunde auf die armen Bettler Spittals losließ, findet eine Gräfin derer von Salamanca keine Ruhe und irrt seit Generationen rastlos durch die Schloßfluchten.

△ Relikte aus dem keltisch-römischen Teurnia: vollständiger Mosaikboden aus dem 5. Jahrhundert, Säulen, Reliefs und Grabsteine ▽

Keltisch-römisches Teurnia

▬▬ Nur wenig nordwestlich, dort, wo heute das kleine Lendorf liegt, hatten schon die Kelten eine Stadt: Teurnia. Die nachfolgenden Römer machten sie später dann zur Hauptstadt der binnennorischen Provinz. Um 600 n. Chr. zerstörten die Slawen die Siedlung.

1910 begannen die planmäßigen Ausgrabungen. Dabei legte man Teile des Forums mit den Thermen, die spätantike Befestigung und Fundamente von Wohngebäuden frei. Etwas abseits in erhöhter Lage stieß man auf ein großes Wohngebäude aus dem 4. Jahrhundert, das heute Freilichtmuseum ist. Zu dieser Zeit war Teurnia bereits der Sitz eines Bischofs. Dessen Kirche wurde zusammen mit der Stadt zerstört. Von der frühchristlichen Friedhofskirche im Nordwesten aber kann man noch das guterhaltene Bodenmosaik der südlichen Seitenkapelle bewundern.

Wo gibt es was?

Fähnchennummer = Textnummer   ⊙ = Auskunft

Malta ①

Ca. 4 km hinter dem Hauptort (830 m) des Maltatals beginnt die 18 km lange Malta-Hochalmstraße (sommers, mautpflichtig) zur *Kölnbreinsperre* (1920 m). **Sehenswert** sind die Pfarrkirche (13. bis 15. Jh.) mit Fresken (13./14. Jh.) und Barockaltar, die Fischertrattenkirche (17. Jh.), Schloß Dornbach (15. Jh.; Privatbesitz) und der Tierpark Diana (ganzjährig). Das Museum ›Propstkeusche‹ zeigt Bauernmöbel vom 16. bis 19. Jh. (Mai–Okt. tgl. 12–18 Uhr).
Aktivitäten: Freibad; Tennis; Reiten; Radeln; Wanderwege zu Hütten in den umliegenden Bergen; Klettern; im Winter Langlauf, Skitouren.
⊙ siehe Gmünd.

Gmünd ②

Die mittelalterliche Kleinstadt (749 m) im Liesertal umgeben noch Stadtmauern mit Türmen und Toren (15.–17. Jh.).
Sehenswert sind weiter die gotische Pfarrkirche mit Karner (14. Jh.), die Ruine des Alten Schlosses (13.–17. Jh.) und der Hauptplatz mit schönen Bürgerhäusern (16./17. Jh.), Pranger (1576) und Neuem Schloß (1651/54) sowie etwas außerhalb die Kreuzbichlkapelle (1785) mit getrennt liegender Betlaube.
Museen: Stadtmuseum, Hauptplatz 13 (Juni–Sept. mo–fr 10–12 u. 15–17, sa 10–12 Uhr); Porsche-Museum, Riesertratten 4a (tgl. Mitte Mai–Mitte Okt. 9–18, sonst 10–16 Uhr).
Aktivitäten: Freibad; Tennis; Wander- u. Radwege; im Winter Eislaufplatz.
Märkte: Bauernmarkt (sa); Kunsthandwerksmarkt (Aug.).
Umgebung: Voll auf Urlaub mit Kind eingestellt sind Lieser- und Maltatal (u.a. 11 Kinderhotels), angeführt vom kleinen Kurort *Trebesing* (2 km südl.), Österreichs erstes Babydorf. Im Heilbad Königsquelle Trink- und Badekuren, Hallenbad, Tennis, Squash, Wandern, Trekking-Reiten; im Naturistenpark Helio Carinthia 75 ha FKK-Camping. Einen Ausflug lohnt die Felsenwildnis des Radlgrabens.
⊙ Tourismusverband Lieser-Maltatal, Rathaus, Hauptplatz, A-9853 Gmünd.

Innerkrems ③

Der kleine Erholungsort (1500 m) liegt am Ausgangspunkt der 32 km langen Nockalmstraße, die durch den Nationalpark Nockberge führt.
Sehenswert sind das Knappenkirchlein (15. Jh.) und das Almwirtschaftsmuseum Zechneralm, Nockalmstraße (Sommer).
Aktivitäten: Wandern; im Winter schönes, noch nicht überlaufenes Skigebiet, Langlauf, Snowboarding mit Halfpipe, Rodeln, Pferdeschlittenfahrten.
Umgebung: In *Rennweg* (16 km nordwestl.) beim Katschbergpaß (1641 m) wird im Heimatmuseum u.a. an Kärntens Maler und Bildhauer Josef Meßner (1837 bis 1886) erinnert (mo ab 16 Uhr).
⊙ Touristikbüro Innerkrems-Eisentratten, A-9862 Kremsbrücke 23.

Ebene Reichenau ④

Der vielseitige Erholungsort (1062 m) liegt im oberen Gurktal.
Aktivitäten: Ca. 120 km markierte Wanderwege; 4 Tennisplätze; 18-Loch-Golfplatz; im Winter kleines Skigebiet, Eislaufplätze, Eisstockbahnen; am westl. Falkertsee Angeln, Heidi-Alm für Kinder (Mai–Okt. tgl. 10–17 Uhr), Reptilienzoo-Nockalm (tgl. 10–18 Uhr), Almdorf ›Seinerzeit‹ mit Unterkunft in Almhütten im alten Stil mit modernem Komfort.
Märkte u. Veranstaltungen: Brauchtumstag mit Mariensingen und bäuerlichem Preisringen ›Ranggeln‹ in *St. Lorenzen* (2 km östl., 15. Aug.); Jahresmarkt (Sept.); Martinimarkt (Nov.).
Umgebung: In *Saureggen* (2 km nördl.) ist der ›Hochsinner‹ Kärntens höchster Bauernhof. Die *Turracher Höhe* (1783 m; 6 km nördl.), Grenzpaß zur Steiermark, ist winters sehr schneesicher: Skifahren, Snowboarding, 3-Seen-Loipe, Eislaufen, Eisstockschießen; sommers Reiten. Die Mineraliensammlung ›Zirbenhof‹ hat eine eigene Achatschleiferei (Tgl. 9.30–12.30 u. 14.30– 17 Uhr, Nov. geschl.).
⊙ Tourismusbüro, A-9565 Ebene Reichenau 80.

Bad Kleinkirchheim ⑤

Der noble Kurort (1076 m) in den Nockbergen ist Kärntens Urlaubs-Vorzeige-Ort.
Sehenswert sind die über gleichnamiger Quelle erbaute Katharinenkirche (1492) und *St. Oswalds* Pfarrkirche (16. Jh.).
Aktivitäten: Wander- und Spazierwege; Tennis- und Squashhallen; Golf (auch Indoor); Mountainbiking; Paragleiten. Die Thermen St. Kathrein und Römerbad mit Frei- und Hallenbädern sowie Tepidarium bieten Anwendungen, aber auch Freizeitambiente. Bad Kleinkirchheim bildet mit *St. Oswald* Kärntens größtes Wintersportgebiet: ca. 100 km Skipiste und 50 km Langlaufloipe mit Beschneiungsanlagen, Snowboardland mit Halfpipe, Snowboardsurfen, Eissurfen, Schlittenfahrten.
Veranstaltungen: Erntedankfest (Sept.); zahlreiche saisonale Events.
Umgebung: Durch 1908 entdecktes Magnesit wurde *Radenthein* (7 km südl.) zur Industriesiedlung, liegt aber mitten in einem Wandergebiet; Magnesitmuseum am Werksgelände der Veitsch-Radex AG (Juli–Sept. tgl. 10–12 Uhr).
⊙ Tourismusverband, Bach 120, A-9546 Bad Kleinkirchheim.

Millstatt ⑥

Der Erholungsort ist das touristische wie kulturelle Zentrum des Gebiets (588 bis 2101 m) um den Millstätter See (12 km lang, 1,5 km breit), an dessen Nordufer sich die Badeorte aneinanderreihen.
Sehenswert ist die Kirche (um 1170) des einstigen Benediktinerstifts mit romanischem Westportal, Weltgerichtsfresko (1513/19) aus der Renaissance im Chor und romanischem Kreuzgang.
Museen: Stiftsmuseum (Mai–Sept. tgl. 9–12 u. 14.30– 18.30 Uhr); Heimatmuseum in Obermillstatt (Juni u. Sept. mo, mi, fr 15–17, Juli/Aug. 15–18 Uhr).
Aktivitäten: Hallenbad; Badestrand; Wassersport aller Art; Angeln; Tennis; Reiten; Golf; Wandern. Lohnend ist ein Ausflug von Obermillstatt aus auf die Lammersdorfer Hütte.
Veranstaltungen: Osterfest; Musikalischer Frühling (Mai/Juni); Kirchtag Obermillstatt (Juni); Almkirchtag (Aug.); Musikwochen (Juli/Aug.); diverse Sommerfeste; Musikalischer Herbst (Sept.); Kulinarische Wochen (Herbst).
Umgebung: In *Seeboden* (5 km nordwestl.) findet man ein Fischereimuseum (Juni–Sept. tgl. 9–13 u. 15–18 Uhr).
⊙ Millstätter See Tourismus, Kongreßhaus, Marktplatz 14, A-9872 Millstatt.

Spittal an der Drau ⑦

Die Bezirkshauptstadt (15 000 Ew.) ist das wirtschaftliche und kulturelle Zentrum von Oberkärnten.
Sehenswürdigkeiten: Namensgebend ist das Spital mit dem Neubau (16. Jh.) an der Brücke über die Lieser, Wahrzeichen Schloß Porcia (1533/97) mit dem Museum für Volkskultur (15. Mai–15. Okt. tgl. 9–18, sonst mo–do 13–16 Uhr). Zur gleichen Zeit entstand gegenüber das Rathaus (1537). Die Pfarrkirche Maria Verkündigung wurde 1311 geweiht und mehrfach umgebaut. Barockes Kleinod ist das Petzlbräu (1780), Bogengasse 3, jetzt Stadtarchiv, reizvoll der Hauptplatz.
Aktivitäten: Hallen-, Frei- und Strandbad; Wasserski; Tauchen; Kanufahren; Angeln; Tennis; Radeln; Mountainbiking; Reiten; Wandern; Bergsteigen.
Umgebung: Im Paternschloß *Baldramsdorf* (2 km westl.) lockt das Kärntner Handwerksmuseum (Juni–Sept. tgl. 10 bis 17 Uhr), in *Lendorf* (4 km nordwestl.) das keltisch-römische Teurnia, in *Molzbichl* (3 km östl.) das Frühmittelalter-Museum Carantana (Mai–Sept. so–fr 10–12 u. 13–17 Uhr).
Märkte u. Veranstaltungen: Wochenmarkt (do); Schloßbauernmarkt (1. u. 3. Sa im Monat); Chorwettbewerb (Juli); Komödienspiele (Juli/Aug.).
⊙ Tourismusbüro, Burgplatz 1, A-9800 Spittal/Drau.

Maßstab 1:300.000
0 – 2,5 – 5 – 7,5 – 10 – 12,5 – 15 km

57

Die Naturarena der Burgruine Finkenstein ist Schauplatz bedeutender Kulturevents, bei denen Stars wie Luciano Pavarotti und José Carreras auftreten.

Ein Hauch von Süden in der Region Villach

Der Verbundenheit mit Italien haben die Villacher jenes leicht Mediterrane zu verdanken, das man ihnen nachsagt. In der Tat, zu feiern verstehen sie: Nirgendwo in Österreich wird der Fasching so inbrünstig begangen wie hier. Der Kirtag im August steht ihm an Festtagsfreude um nichts nach. Kulturzentrum des sommerlichen Kärntens jedoch ist Ossiachs Stiftskirche, glanzvoller Rahmen der Musikdarbietungen des ›Carinthischen Sommers‹. Badespaß in faszinierender Bergwelt bietet das Seenland mit Faker-, Ossiacher-, Urbansee und manchem anderen.

△ Am Villacher Kirtag nehmen auch Reiter zu Pferde teil

△ In Villach wird gerne gefeiert: Beim Faschingsumzug ...   ... geht es bunt, recht feucht und sehr fröhlich zu ▽

△ Auf Villachs Kirtag am ersten Sonntag im August feiert die ganze Stadt ...   ... mit Umzügen in Tracht ▽

In Villach kreuzen sich von alters her die Wege Europas, und das hat der Stadt gutgetan. Während Klagenfurt immer etwas abseits lag, sich selbst genügte, und eine gewisse Zurückgezogenheit bis heute nicht recht abgelegt hat, war Villach stets Durchgangsort auf dem Weg vom Apennin nach Bayern. Durch den Kontakt mit Venedig und süddeutschen Handelsstädten, denen es als Post- und Pferdeaustauschstation diente, war die Stadt immer am Puls der neuesten Einflüsse und Strömungen, gezwungen, sich allem Neuen gegenüber aufgeschlossen zu zeigen. Bis heute gilt Villach als offenster und modernster Ort des Landes.

Villacher Faschingstreiben

Dennoch: Die Traditionen hält man schon in Ehren. Zweimal im Jahr macht die Stadt eine rituelle Verwandlung durch. Wenn der Hauptplatz und das angrenzende Gassengewirr zu einem einzigen Festgelände mutieren, dann ist entweder Fasching oder Kirtag. Die örtliche Faschingsgilde ist die aktivste des Landes, sie braucht den Vergleich zu ihren Kollegen am Rhein nicht zu scheuen. Abgesehen davon, daß beim deutschen Nachbarn eben alles ein bisserl größer ist als in der Alpenrepublik. In ihren Sitzungen wird alles und jeder aufs Korn genommen, der im öffentlichen Leben steht. Bis zum Beginn der Fastenzeit hat jener scharfzüngige Humor das Sagen, über den zu lachen mitunter freilich Privileg der Villacher ist. Am Faschingsdienstag gipfelt das närrische Treiben im großen Umzug, die Stadt hallt wider vom Narrenruf ›Lei-Lei‹ und versinkt in hochprozentiger Glückseligkeit.

Hochsommerlicher Kirtag

Das hochsommerliche Gegenstück ist der Villacher Kirtag. Anno 1225 erteilte Kaiser Friedrich II. seinen Sanktus zum Fröhlichsein, Spaß und guter Laune. Einmal damit versorgt, ließen sich die Villacher dieses Recht nicht mehr nehmen. Kärntens größtes Volksfest wird alljährlich mit tiefster Inbrunst begangen. Diese drückt sich in übermütiger Jahrmarktslaune ebenso aus wie in anmutigen Kärntner Liedern, deren melodischer Gesang liebens-

△ Villachs Herz: Hauptplatz mit St. Jakob

△ Villach: Wallfahrtskirche Heilig-Kreuz ...

Gotischer Flügelaltar aus der Wallfahrtskirche Maria Gail ▽

... und Café am Ufer der Drau ▽

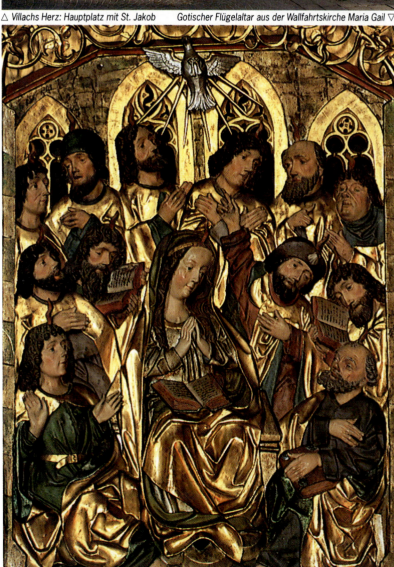

In Villachs romantischer Widmanngasse verlockt der Arkadenhof vom Haus Nummer 30 im Sommer zur Einkehr ▽

würdig leicht ins Ohr geht. Schon Tage zuvor streifen die Musikgruppen der Kirtaglader durch die Stadt und bringen prominenten Bürgern ein Ständchen dar, auf daß deren Spendengelder die Kirtagskasse zum Scheppern bringt. Am Samstagnachmittag vermengen sich Blasmusik, Feuerwerk und Schießbuden zu einem zünftigen Festival der Sinne.

Stadt mit südlichem Flair

Wenn eine Stadt ein Herz haben kann, dann ein solches wie Villachs Hauptplatz. Er führt leicht bergan, gesäumt von hübsch renovierten Patrizierhäusern mit schmalen Einlässen, die zu pittoresken Arkadenhöfen führen, vom Hirscheggerhof etwa oder dem Paracelsushof, der seinen Namen natürlich von Theophrastus Bombastus von Hohenheim vulgo Paracelsus hat. Der mittelalterliche Arzt und Naturforscher verbrachte hier zu Beginn des 16. Jahrhunderts seine Jugend.
Im Sommer erwecken die Bürger auch ohne Festivität Hauptplatz und Innenstadt Abend für Abend zu neuem Leben. Mit offensichtlichem Behagen füllen sie die Cafés mit buntem Klang, wollen sehen und vor allem gesehen werden. Und das melodiöse Stimmengewirr, das sich an der typischen Schwibbogenarchitektur bricht, kann ein mediterranes Lebensgefühl nicht leugnen. Man verweist auf die nahe Grenze und meint, daß die Stadt in ihrem Wesen bereits dem Süden verwandt sei.

Warmbads gute Quellen

Villachs Süden geht recht unvermittelt in eine ruhige Parklandschaft mit alten Bäumen, Blumenarrangements und Hotels über. Dem Dobratsch zu Füßen liegt Warmbad. Dobratsch bedeutet ›Guter Berg‹ – zu recht. Denn in seinem Bauch sprudeln sechs Quellen, die täglich an die 40 Millionen Liter des etwa 29 Grad warmen heilkräftigen Thermalwassers mit radioaktivem Quellgas hergeben.
In ihm badeten schon die Römer. Ihre Anwesenheit bezeugen noch heute die Spurrillen der zweitausend Jahre alten Römerstraße. Sie befinden sich auf der Napoleonwiese, die ihren Namen von dem ebenso kleinwüchsigen wie besitzergreifenden

△ Egg am Faaker See: Bildstock vor dem Karawankenmassiv   Glanzvoller Konzertsaal: Stiftskirche in Ossiach ▽

△ Geruhsame Anglerfreuden am stillen Afritzer See

64

△ Von Bodensdorf am Ossiacher See führen sowohl Straße als auch Kabinenbahn auf die Gerlitzen (1909 m), Berg der Paragleiter

△ Moderne Kunst in altehrwürdigem Rahmen bietet die Galerie ›Carinthia‹ ...   ... von Stift Ossiach am gleichnamigen See ▽

Korsen hat, der während der französischen Besatzung ehrgeizige Pläne für die Kureinrichtung gehegt hatte. Da bekanntlich auch seine Macht zeitlich determiniert war, blieb es beim Hegen.

Beliebtes Nahziel: Faaker See

Im Sommer entleert sich Villach in Richtung Faaker See. Mit seinen kleinen Buchten, Mooren und Nistplätzen für mannigfaltige Vogelarten in den Schilfzonen könnte er eine naturbelassene Idylle sein, hätte es nicht der Tourismus mit sich gebracht, daß es kaum noch ein unverbautes Fleckchen gibt. Unberührt ist aber jener Bildstock zwischen Drobollach und Egg geblieben, dessen malerisches Hintergrundpanorama der Karawanken im Sommer die Fotoapparate unweigerlich zum Klicken bringt.

Von einem hohen Felsen blickt die Burgruine Finkenstein auf den See hinab. Eine geologische Laune der Natur will es, daß sich der Hang unterhalb des Palas hervorragend als natürliche Tribüne eignet. Es fand sich ein findiger Unternehmer, und jetzt haben hier im Sommer Opernstars wie Luciano Pavarotti oder José Carreras ihre großen Auftritte.

Kulturtreff Ossiacher See

›See des Schweigens‹ wurde der Ossiacher See stets genannt. Dabei gingen die Emotionen besonders lautstark hoch, als Günther Domenig Anfang der 80er Jahre am Nordufer sein ›Steinhaus‹ errichtete: Auf schmalem Grundstück hat der in Graz lehrende Architekt klobiggeometrische Formen zu einem Gebäude geformt.

Viele sehen darin eine Beleidigung für nahe Kulturschätze wie die Burgruine Landskron oder Ossiachs Stiftskirche. Immerhin wurde letztere, durch Stuckdekoration und Malerei im 18. Jahrhundert eindrucksvoll barockisiert, von einer amerikanischen Kulturzeitung zum ›schönsten Konzertsaal‹ der Welt erhoben. Denn im Juli und August bildet sie die einmalige Kulisse des ›Carinthischen Sommers‹, auf dessen Konzerten, Kirchenopern, Seminaren und Rezitationsabenden sich die Größten des zeitgenössischen Musikschaffens ein Stelldichein geben.

Wo gibt es was?

Fähnchennummer = Textnummer ❶ = Auskunft

Bad Bleiberg ①

Von 1333 bis 1981 wurde in dem Bergwerksort (892 m) nach Blei und Zink geschürft.

Sehenswert sind das einstige Bergwerk mit der Erlebniswelt ›Terra Mystica‹ (Ende März–Ende Okt. 10–17 Uhr), dem Felsspielhaus ›Terra Musica‹ und dem behindertengerechten Heilklimastollen ›Terra Medica‹ sowie das Mineralien- und Edelsteinmuseum (Mai–Sept. tgl. 9.30–17, Okt.–April do–so 9.30–17 Uhr).

Aktivitäten: Die Thermen (25–30° C) helfen bei Rheuma, Kreislauf- und Nervenleiden. Die Familientherme ›Kristallbad‹ hat neben dem Kurbereich auch ein Erlebnisbad mit Hallen-, Frei- und Kinderbecken, Sauna, Dampfbad etc. Wander-, Kletter-, Skigebiet ist die Villacher Alpe mit 17 km langer Panoramastraße (Maut) und Alpengarten, Klagenfurter Str. 2 (Juni–Aug. tgl. 9–18 Uhr).

Veranstaltungen: Knappenspiele (Juli/Aug.); Kirchtag (Aug.); Kulturwoche (Sept.).
❶ Fremdenverkehrsbüro, A-9530 Bad Bleiberg.

Villach ②

Kärntens zweitgrößte Stadt (55 000 Ew.; 499 m) am Schnittpunkt von Gail- und Drautal, Treffpunkt von Süd- und Tauerneisenbahn sowie von Süd- und Tauernautobahn mit Österreichs größtem Verschiebebahnhof ist Kärntens Verkehrsknoten schlechthin, der mit Wien, Salzburg, Udine, Ljubljana verbindet. Die Lage machte sie zum Zentrum der Elektro- und Elektronikindustrie. Das Congress Center ist Ort von Tagungen und Kongressen.

Geschichte: Schon 15 n. Chr. bauten die Römer eine Draubrücke und errichteten die Grenzstation Bilachinium. 1060 kam die Siedlung an das Bistum Bamberg. Der Erzbergbau machte die Stadt im Mittelalter reich, 1225 erhielt sie Marktrecht, 1240 Stadtrecht. 1759 kaufte Maria Theresia Stadt und Umland für Österreich.

Sehenswürdigkeiten: Kern der Altstadt ist der Hauptplatz mit barocker Dreifaltigkeitssäule, Paracelsushof, schönen Häusern (Nr. 7 u. 13) und der gotischen Stadtpfarrkirche St. Jakob mit besteigbarem Kirchturm (94 m; Mai u. Okt. mo–sa 10–16, Juni–Sept. mo–do u. sa 10–18, fr bis 21 Uhr). Romantisch ist die Widmanngasse mit attraktiven Bürgerhäusern (Nr. 10 u. 30), Mariensäule (1740) und Stadtmuseum (siehe Museen). Das Relief von Kärnten im Schillerpark (Mai–Okt. mo–sa 10–16.30 Uhr) ist eine plastische Darstellung Kärntens im Maßstab 1:10 000. An der zweiten Straßenbrücke über die Drau befindet sich die barocke Heilig-Kreuz-Kirche (Peraustraße).

Museen: Das Stadtmuseum, Widmanngasse 38, informiert eindrucksvoll über Geschichte, Kunst und Kultur des Villacher Raums (Mai–Okt. mo–sa 10–16.30 Uhr); Fahrzeugmuseum, Draupromenade 12 (Mitte Juni–Mitte Sept. mo–sa 9–17, so 10–17, sonst tgl. 10–12 u. 14–16 Uhr); Puppenmuseum Hintermann, Vassacherstr. 65 (Mai–Okt. tgl. 10–18, Nov.–April mo–fr 10–18, sa 10–12 u. 14–17 Uhr); Pilzlehrschau, Burgplatz (Mai–Okt. mo–sa 8–12 Uhr).

Aktivitäten: Tennis; Schwimmen; Radeln; Drauschiffahrt mit großem Angebot, wie Romantik-Abendfahrten (Mai–Mitte Okt.); im Winter Eislaufen, Eisstockschießen; in *Warmbad* (3 km südl.) Thermalhallenbäder (30°), Freibäder (27°), Erlebnistherme (tgl. 8–20 Uhr), Tennis, Golf, Reiten, Squash; Wander-/Wintersportzentrum Kanzelhöhe (1489 m)/Gerlitzen (1909 m; 6 km nördl.).

Veranstaltungen: Fasching (Feb.); Kirchtag (1. Sa im Aug.), die Tage davor Brauchtumswoche; Kirchtag auf der Villacher Alpe (15. Aug); Int. Theaterfestival Spectrum (Juni); Carinthischer Sommer (Juni–Aug.); Kulturfest Summertime (Juni–Aug.); Kunst- und Antiquitätenmesse (Sept.).

Umgebung: Einen bedeutenden Schnitzaltar (um 1520) birgt die Wallfahrtskirche (15./17. Jh.) in *Maria Gail* (3 km südöstl.). Auf der *Ruine Landskron* (2 km nördl.), einst stattliches Renaissanceschloß, finden Adler-Flugschauen statt (Mai–Sept.).
❶ Villach Tourismus, Europaplatz 2, A-9500-Villach.

Faaker See ③

Österreichs südlichster Badesee (2,4 km^2, 554 m) am Fuß der Karawanken teilt in der Mitte eine romantische Insel.

Museen: Miniwelt Modelleisenbahn in *Faak am See*, Marktplatz 1 (tgl. Juli/Aug. 10–12, 13–18 u. 20–22, Mai, Juni, Sept. 13–18, Okt.–April sa/so 13–17 Uhr), Kunstmühle und Dorfmuseum Finkenstein in *Müllern*, Warmbaderstraße (flexible Öffnungszeiten).

Aktivitäten: Strandbad; Ruder-, Elektro- und Segelboote; Angeln; Tennis; Radeln; Reiten; Fitneßparcour; Kneippweg; Sommerrodelbahn; Wandern; Klettern; im Winter Skifahren, Eislaufen, Rodeln, Langlauf.

Märkte u. Veranstaltungen: Bauernmarkt (Mitte Mai–Mitte Okt. do 18–21 Uhr); Kunsthandwerks- und Trödelmärkte; Theater, Konzerte, Performance auf der Burgruine Finkenstein (Mai–Okt.).
❶ Verkehrsamt, A-9583 Faak am See.

Ossiach ④

Der Hauptort (500 m) von Kärntens gleichnamigem drittgrößtem See (11 km lang, 1 km breit) liegt an dessen Südufer.

Sehenswert ist das 1028 gegründete Benediktinerstift mit Barock-, Musik-, Ritter- und Gotischem Saal. Die Kirche, innen ein Barockjuwel, besitzt an der nördl. Außenwand das Grab von Polenkönig Boleslaw II., der hier im Exil 1081 sein Leben beschloß.

Aktivitäten: Thermenartige Grundquellen und intensive Besonnung erwärmen den See auf bis zu 26° C und bieten eine lange Bade- und Wassersportzeit (Mai–Okt.). Ferner Tennis; Reiten; Bootsfahrten.

Veranstaltung: ›Carinthischer Sommer‹ in der Stiftskirche (Juli/Aug.).
❶ Verkehrsamt, A-9570 Ossiach 8.

Feldkirchen ⑤

Das typische Landstädtchen (556 m) gehörte von 1166 bis 1759 zum Bistum Bamberg.

Sehenswert ist der Hauptplatz mit schönen Biedermeierfassaden. Die Stadtpfarrkirche (13./15. Jh.) besitzt einen romanischen Karner. Der bambergische Amtshof (16. Jh.) ist Musikschule und Stadtmuseum (21. Mai–21. Sept. di–sa 16–18 Uhr).

Aktivitäten: Wassersport am Flatschacher- und Maltschacher See; Angeln; Tennis; Radfahren; Wandern; Flugsport; Reiten.

Umgebung: *Himmelberg* (4 km nordwestl.) beeindruckt mit Schloß Piberstein (1396; Privatbesitz), der gotisch-barocken Pfarrkirche und einstigen Hammerwerken am Tiebelbach, *Zedlitzdorf* (14 km nordwestl.) mit dem spätbarocken Karmeliterhospiz (Privatbesitz) und dessen ausgemalter Kirche, *Glanegg* (6 km östl.) mit der Burgruine (12. Jh.), *Steuerberg* (8 km nördl.) mit der Wehrkirche (ca. 13. Jh.). Vom benachbarten Wachsenberg sieht man bei Schönwetter die Karawanken.
❶ Touristikbüro, Amthofgasse 3, A-9560 Feldkirchen.

St. Urban am Urbansee ⑥

Der kleine Erholungsort (700–900 m) ist von alten Kärntner Holzhäusern geprägt.

Sehenswert sind die gotische Pfarrkirche (14./16. Jh.) mit gotischen Wandmalereien und etwas außerhalb das mächtige gotische Schloß Bach (16. Jh.; Privatbesitz).

Aktivitäten: Wassersport am südlichen Urbansee; Wandern; im Winter Eislaufen, Eisstockschießen, Langlauf, auf der nahen Simonhöhe Ski, Snowboarding, Rodeln.
❶ Fremdenverkehrsamt, A-9560 St. Urban am Urbansee.

Feld am See ⑦

Der idyllische Ort (751 m) am Brenn- und Afritzer See gilt als Anglerparadies.

Sehenswert ist der Alpenwildpark (Mai bis Okt. tgl. 9–18 Uhr).

Aktivitäten: Surfen; Segeln; Tennis; Bogenschießen; Reiten; Mountainbiking; im Winter Skifahren.

Veranstaltungen: Dorffest (Juni); Thermentriathlon (Aug.); Waidfest (Aug.); Jahreskirchtag (Sept.).
❶ Verkehrsamt, A-9544 Feld am See.

Maßstab 1:300.000

0 · 2,5 · 5 · 7,5 · 10 · 12,5 · 15 km

Von St. Veits Bedeutung als ehemalige Hauptstadt von Kärnten zeugt das mächtige Rathaus aus dem 15. Jahrhundert, das 1755 die schöne Barockfassade erhielt.

Velden am Wörther See – St. Veit an der Glan

Bekanntester unter Kärntens rund zweihundert Seen ist sicherlich der Wörther See, sein Wahrzeichen die Pfarrkirche von Maria Wörth, sein Treffpunkt das Spielkasino von Velden. In St. Veit an der Glan residierten einst Kärntens Herzöge, ringsum auf den Burgen und Schlössern der Adel, in Gurk die Fürstbischöfe. Ihr Dom zählt zu den wichtigsten Bauten der Romanik. Aber auch in Festen, wie Friesachs Rittertafel, wird das Mittelalter beschworen.

△ Die Pfarr- und ehemalige Stiftskirche von Maria Wörth gab dem See ihren Namen

Im Stil der Jahrhundertwende: Badeanlage vom Hotel ›Werzer‹ in Pörtschach ▽

△ Hotel mit nostalgischem Charme direkt am See ist Pörtschachs ›Villa Wörth‹

Im Sommer emsig auf dem Wörther See unterwegs ist die MS ›Thalia‹ ▽

Auch die Pörtschacher Villa ›Miralago‹ vom Ende des 19. Jahrhunderts ist heute Hotel mit direktem Zugang zum Wörther See ▽

Folgt man einer rechts drastischen Legende, dann entstand der Wörther See folgendermaßen: Wo sich heute die Wasserfläche erstreckt, lag ehemals ein wohlhabendes Städtchen. Die Bewohner waren dem Leben zugetan, und der Ausschweifungen war kein Ende. Als es eines abends im Wirtshaus wieder einmal besonders hoch her ging, betrat ein gedrungenes Männchen mit einem kleinen Faß unter dem Arm die Gaststube und mahnte die übermütigen Zecher zur Besinnung. Sollte man seiner Aufforderung nicht Folge leisten, lautete die Drohung, werde es alle Anwesenden in jenem Wasser ertränken, das es in seinem Fäßchen mit sich trage. Die lustige Gesellschaft aber hatte für das sittenstrenge Männchen nur Spott und Hohngelächter übrig. Da zog es den Spund heraus. Das Wasser lief und lief und hörte erst auf zu fließen, als alle Zecher ertrunken, Gasthaus und Stadt verschwunden und der Wörther See entstanden war.

Wehrhaftes Maria Wörth

Jeder Ort am Wörther See weiß um die Rolle, die er zu spielen hat: Das Nordufer gibt sich aktiv, das Südufer beschaulich. Velden ist mondän, Pörtschach sportlich, Krumpendorf gemütlich und Maria Wörth malerisch. Die auf einer Felskuppe gelegene, dreiseitig vom Wasser umspülte Kirchengruppe ist das eigentliche Wahrzeichen der Gegend, von ihr erhielten Ort und See ihren Namen. 875 urkundlich erwähnt, war Maria Wörth einer der wichtigsten Stützpunkte des frühen Christentums im Alpenraum – zu einer Zeit, als in Glaubensfragen noch handgreiflich argumentiert wurde. Die soliden Befestigungen zeugen vom wehrhaften Charakter. Heute geht es friedfertig zu, bei den Spintikteichen hat wie ehedem die Natur das Sagen, im Reich der Frösche, Molche, Kröten, Lurche ist die Ökologie noch im Gleichgewicht.

Perlen der See-Architektur

Wie um 1864, als die kleinen Fischerdörfer aus ihrer Traumverlorenheit gerissen wurden. Dank der neu errichteten Südbahn von Wien nach Triest war der Wörther

△ Ein ›Schloß‹ am Wörther See ist das Schloßhotel Velden

Sehen und gesehen werden: Straßencafé in Velden ▽

△ Wer vorwärts kommen will, muß kräftig strampeln

△ Ein Hauch von Paris: Porträtmaler vor dem Schloßhotel, ... ein wenig Monte Carlo: das Spielkasino in Velden ▽

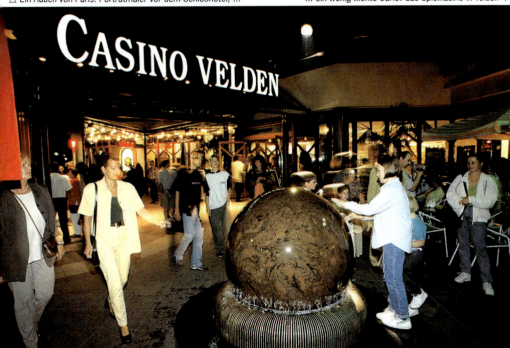
Einfach traumhaft schön ist der Blick über den Wörther See von der Seeuferpromenade wie hier in Krumpendorf ▽

See der k.u.k.-Residenzhauptstadt um einige Stunden nähergerückt. Der Grund dafür war freilich reine Staatsraison: Auf der Schiene klappte der Truppentransport in die ewigen oberitalienischen Krisenherde wesentlich schneller.

Mit der neuen Bahn kamen aber auch die ersten Gäste, die auf ›Sommerfrische‹ fuhren. Die Häuser im typischen Gründerzeitstil, die charmant mit der Poesie der Landschaft verschmelzen, geben einen Einblick in das Lebensgefühl jener Tage. Sie sind bis heute die herausragenden Perlen der Wörther-See-Architektur.

Seewasser zum Trinken

Die Vorzüge des Kärntner Klimas kommen hier besonders gut zur Geltung. Die hohen Randgebirge im Westen, Nordwesten und Süden wirken als Wetterscheide. So nimmt das Land an vielen Tagen des Jahres ein Sonnenbad. Dem Wörther See kommt dies nur zugute. Da sein Wasser durch die wenigen Zuflüsse kaum bewegt wird, sind sommerliche Temperaturen um 26 Grad durchaus die Regel. Ein Trumpf, mit dem sonst nur wenige der restlichen Kärntner Seen aufwarten können. Gemeinsam sind ihnen aber die Trinkwasserqualität, dank modernster Kläranlagen.

Alte Herzogsstadt St. Veit

Ab spätestens 1170 war das am Schnittpunkt wichtiger Handelswege gelegene St. Veit – als Stadt 1224 erwähnt – für fast 350 Jahre Residenz der Kärntner Herzöge. Seine Pracht gibt die alte Landeshauptstadt aber erst auf den zweiten Blick preis. Denn die Ortseinfahrten bestimmt einer der wichtigsten holzverarbeitenden Betriebe des Landes. Doch dahinter wird die Anfahrt zur beschaulichen Zeitreise.

St. Veit hat sich einen Teil seiner wuchtigen Stadtmauern bewahrt, die davon künden, daß sie eines der reichsten und mächtigsten Zentren des mittelalterlichen Kärntens schützten. Zu verteidigen gab es offenbar genug. Dies bezeugen auch heute noch der bezaubernde Hauptplatz und der stimmungsvolle Obere Platz, die von vorbildlich erhaltenen und reich dekorierten Patrizierhäusern gesäumt werden.

△ Der Arkadenhof (um 1540) vom Rathaus in St. Veit

△ Hochzeitsgesellschaft auf dem Weg zum Standesamt im Rathaus von St. Veit   Märchenhaft in Szene gesetzt: Schloß Frauenstein ▽

Friesach, Kärntens älteste Stadt am Fuß der Ausläufer der Gurktaler Alpen, ist noch heute von einem Stadtgraben umgeben ▽

Alljährlich im August wird in Friesach bei der opulenten Rittertafel das Mittelalter wieder lebendig ▽

In ihrer Hochblüte pflegten die Bürger opulente Feste zu feiern und farbenfrohe Turniere zu veranstalten. Auch der Minnesänger Walther von der Vogelweide war hier 1220 zu Gast, woran ein Denkmal erinnert. Noch heute ist man der Fröhlichkeit nicht abgeneigt. Der Michaeli-Wiesenmarkt im September, der auf ein Privileg von 1362 zurückgeht, ist für Kärntner Jahrmarktfans das Hauptereignis des Jahres schlechthin. Von überall her kommen sie, um so manchen Schoppen zu genießen und nebenher auch kräftig zu handeln.

Zu Burgen und Schlössern

Rund um die Herzogsstadt haben sich dereinst die fürstlichen Ministerialen ihre Burgen und Schlösser errichtet. Einige wenige davon sind noch heute in Privatbesitz, meist aber kümmern sich in Vereinen organisierte Idealisten um ihre Erhaltung. Eines der besterhaltenen Beispiele spätmittelalterlicher Burgenbaukunst im ganzen Land ist Schloß Frauenstein. Die außerordentlich malerische Anlage auf einer Terrasse unter den Wäldern des Kraiger Berges liegt nur wenig nördlich von St. Veit. Christoph Welzer I. von Eberstein errichtete sie von 1519 bis 1521 über älteren Resten. Nach den Welzern ging die Burg im 16. Jahrhundert an die Trauttmannsdorfer und danach noch an viele andere. Bis heute ist sie privat bewohnt.

Seit 1953 im Besitz des bischöflichen Ordinariats Gurk, Knabenseminar und Gymnasium, ist Schloß Tanzenberg südwestlich von St. Veit. Ein mächtiger Renaissancebau aus dem 16. Jahrhundert, dem die Brüder Sigmund und Wolfgang von Keutschach, zwei Vettern des Salzburger Erzbischofs Leonhard, ihr jetziges Aussehen gaben.

Mittelalterfest in Friesach

Alljährlich Szenario deftiger Ritterfeste ist Friesach, Kärntens älteste Stadt. Zwar weiß niemand, ob das sagenhafte ›Turnay ze Friesach‹, an dem – wie der Minnesänger Ulrich von Lichtenstein balladenhaft erzählt – im Mai 1224 unter dem Schall von Posaunen, Holunderpfeifen, Flöten, Hörnern und Trommeln um die 600 Ritter teilnahmen, tatsächlich stattfand. Zum Leben der

△ Über die Landschaft erhaben: die Türme des Gurker Doms

△ Das traditionelle Kranzlreiten am Pfingstmontag ...

... bringt ganz Weitensfeld auf die Beine ▽

Friesacher gehört es aber genauso wie die Burgen von Peters- und Geiersberg, die winkligen Gassen oder der wasserführende Stadtgraben.

Kranzlreiten in Weitensfeld

Auf dem Hauptplatz von Weitensfeld ist eine Brunnenfigur aufgestellt, eine steinerne Jungfrau, die alljährlich zu Pfingsten in den Mittelpunkt des Interesses rückt. Das ›Kranzlreiten‹ umfaßt nicht nur einen wilden Ritt um den Hauptplatz, mit dem sich angeblich die Pest vertreiben läßt. Es treten auch drei Burschen zum Wettlauf an, wobei der Schnellste der Jungfrau einen Kuß verpassen darf. Als Preis erhält er zusätzlich einen Blumenkranz. Den Hintergrund zu diesem Brauch liefert eine Sage, nach der die Pest die Weitensfelder Bevölkerung einst bis auf drei junge Männer und ein adliges Fräulein ausrottete. Die Gunst der Dame habe man schließlich in einem Wettlauf entschieden.

Bedeutend: der Gurker Dom

Im krassen Gegensatz zur Bescheidenheit seiner Umgebung erhebt sich der Dom der heiligen Hemma aus dem kleinen Gurktal. Hemma, Gräfin von Friesach-Zeltschach, war eine ebenso wohlhabende wie rechtschaffene Frau, ihre beiden Söhne jedoch üble Feudalherren. Als sich diese sogar an den Frauen der in ihrem Bergwerk arbeitenden Knappen vergingen, kam es zum Aufstand, den sie nicht überlebten. Als auch ihr Mann aus dem Kreuzzug nicht heimkam, widmete sie sich fortan frommen Werken. Jenen Teil ihres Vermögens, den sie nicht im Volk verteilte, stiftete sie dem Bau von Kirchen und Klöstern, eines davon auf dem Grund ihres Gutes in Gurk. Dort wurde sie auch bestattet. Bald geschahen an ihrem Grab vielerlei Wunder – ein neuer Wallfahrtsort entstand.

1072 wurde das Bistum Gurk eingerichtet, und als Kaiser Barbarossa seinen Bischof sogar zum Fürstbischof erhob, war es nur standesgemäß, Hemmas bescheidenes Gotteshaus ab 1140 durch jene auf über einhundert Säulen ruhende dreischiffige Pfeilerbasilika zu ersetzen, die zu Österreichs bedeutendsten romanischen Bauwerken zählt.

△ Von 1147 bis 1780 residierten die Bischöfe von Gurk auf Schloß Straßburg mit herrlichem Arkadenhof aus dem 17. Jahrhundert ▽

Wo gibt es was?

Fähnchennummer = Textnummer   ❶ = Auskunft

Velden am Wörther See ①

Der größte Urlaubsort (440 m) am Wörther See (16 km lang, 1–1,5 km breit) ist für sein Spielkasino (ganzjährig) und das sommerliche Ambiente bekannt.
Aktivitäten: Wassersport aller Art; Golf; Tennis; Reiten; Radfahren; markierte Wanderwege zur Georgskirche auf dem Sternberg, Ruine Hohenwart und den römischen Ausgrabungen auf dem Kathreinkogel.
Märkte u. Veranstaltungen: Bauernmärkte, Kärntnerabende, Sport-Events, Kinderprogramm (alle Juli/Aug.).
Umgebung: In *Rosegg* (3 km südl.) locken der Wildpark (April–Nov. tgl. 9–17/18 Uhr) und das historische Figurenkabinett Madame Lucrezia (Mitte Mai–Mitte Okt. tgl. 10–18 Uhr) im Schloß mit Gartencafé, in *Schiefling* (5 km östl.) urgeschichtlich-römische Ausgrabungen (Juni–Sept. tgl. 10–16 Uhr).
❶ Veldener Tourismusgesellschaft, Seecorso 2, A-9229 Velden.

Pörtschach ②

Der zweitgrößte Wörther-See-Ort liegt auf einer Halbinsel mit Blumenpromenaden.
Aktivitäten: Wassersport aller Art; Tennis; Golf; Reiten; Radfahren; Wandern.
Veranstaltungen: Sänger- u. Musikantentreffen (Mai); Kirchtag (Juni); Wörther-See-Musik-Sommer mit Soiréen (Mai–Sept. jeden Mi); Brahms-Tage (letzte Juni-Woche); Operettenkonzerte (Juli/Aug. jeden Mo); Konzertabende im Hotel Schloß Leonstain (Sommer); Brahms-Festwoche (Anf. Sept.).
❶ Kurverwaltung, A-9210 Pörtschach.

Krumpendorf ③

Der Kurort im Grünen ist von der typischen Wörther-See-Villenarchitektur geprägt.
Aktivitäten: Wassersport; Tennis; Reiten; Golf; in der Saison Sportwettkämpfe für Gäste, geführte Wanderungen, Ausflugsfahrten. 50 Betriebe stellen ihren Gästen Fahrräder gratis zur Verfügung. 40 Betriebe haben auch im Winter geöffnet, nächste Skigebiete in ca. 30 Automin.
Veranstaltungen: Strandfeste (Juli/Aug.); Feuerwehr-Sternfahrt (alle 3–5 Jahre, nächste Juni 1999); Feuerwehr-Kapellen-Festival (alle 2 Jahre, nächstes Juni 1999).
❶ Kurverwaltung, A-9201 Krumpendorf.

Moosburg ④

Die ›Karolingergemeinde‹, in der Kaiser Arnulf von Kärnten 887/88 Hof hielt, ist eine Oase der Ruhe unweit vom Wörther See.
Sehenswert ist das Karolingermuseum (Juni–Sept. tgl. 10–12 u. 16.30–19 Uhr).
Aktivitäten: Badeteiche; Angeln; Tennis; Reiten; Golf; Asphaltstockschießen.
Veranstaltungen: Kultursommer (Mai bis Sept.); Kulturwanderung (Juni–Sept.); Sommerakademie (Juli/Aug.), Kinder-Aktiv-Sommer (Juli/Aug.).
❶ Touristikbüro, Kirchplatz 1, A-9062 Moosburg.

St. Veit an der Glan ⑤

Die Landeshauptstadt (475 m) von 1170 bis 1518 (13 000 Ew.) ist heute ein Zentrum der holzverarbeitenden Industrie.
Sehenswürdigkeiten: Kern der fast noch gänzlich ummauerten malerischen Altstadt ist der Hauptplatz mit nahezu lückenloser mittelalterlicher Bausubstanz. Glanzstücke sind das Rathaus mit prächtiger Barockfassade (1755), die Pestsäule (1715), der Schüsselbrunnen (1566), der Walther-von-der-Vogelweide-Brunnen (1960). Südöstlich findet sich die romanisch-gotische Stadtpfarrkirche mit Karner (12./13. Jh.), westlich die frühgotische Kirche des ehemaligen Klarissinnenklosters (1323–1786).
Museen: Das benachbarte ehemalige Bürgerspital (14. Jh.), Oktoberplatz 5, birgt das Trabantenmuseum mit Uniformen, Waffen u.a.m. der Kärntner Bürger- und Schützengarden (Anfrage im Rathaus). Die nordöstlich vom Hauptplatz gelegene sogenannte Herzogsburg (1529) ist Stadtmuseum, Burggasse (mo–fr 9–12 u. 14 bis 16, sa 9–12 Uhr). Das Verkehrsmuseum, Hauptplatz, erklärt Kärntens Eisenbahngeschichte (tgl. 9–12 u. 14–18 Uhr).
Fest: Michaeli-Wiesenmarkt (Ende Sept.).
❶ Fremdenverkehrsamt, Hauptplatz 1, A-9300 St. Veit an der Glan.

St. Georgen am Längsee ⑥

Das Dorf (560 m) am naturbelassenen Längsee beherrscht der wuchtige, um 1000 gegründete, seit 1960 dem Bistum Gurk gehörige Klosterkomplex mit seiner barockisierten gotischen Kirche.
Aktivitäten: Zwei Strandbäder; Angeln; Reiten; Wandern; Radfahren; im Kloster Seminare, Fortbildungs- und Meditationskurse; im Winter Eislaufen. Im Sommer startet gegenüber von Schloß Böckstein die Kärntner Museumsbahn.
Veranstaltungen: Längseefest (Mitte Aug.); Bauernbackhendlfest (Sept.).
❶ Verkehrsbüro, A-9313 St. Georgen am Längsee.

Straßburg ⑦

Die noch teilweise ummauerte Stadt an der Gurk wird von ihrer **Burg** (1147) dominiert. Über 500 Jahre Sitz der Bischöfe von Gurk, ist sie eine der schönsten und größten Wehranlagen Österreichs mit Museen zu Volkskunde und Jagd (Mai–Sept. tgl. 9–17 Uhr) sowie Ausstellungen, Konzerten, Lesungen etc. Im Tierpark findet man hauptsächlich Rot- und Damwild.
Aktivitäten: Freibad; Tennis; Angeln; Wandern; Jagen; Schießen.
Märkte u. Veranstaltungen: Schwarzfreitagsmarkt (zwei Wochen vor Ostern); Nikolausmarkt (5. Dez.); diverse Sommerfeste.
❶ Fremdenverkehrsamt, Hauptplatz 1, A-9341 Straßburg.

Gurk ⑧

Der kleine Markt und Wallfahrtsort (660 bis 1100 m) liegt im Herzen des Gurktals.
Sehenswert ist der Dom (1140–1200) mit hundertsäuliger Krypta oder Hemmagruft (1174), Fresken, Hochaltar (Mensa 1200, Retabel 1625/32), Fastentuch (1458).
Aktivitäten: Freibad; Tennisplatz; Schießplatz; Zwergenpark für Kinder; im Winter Schlepplift, Loipe, Rodelbahn, Eislaufplatz.
Märkte u. Veranstaltungen: Wallfahrten: Maria Himmelfahrt; Hemmafest (27. Juni), Peters-Sonntag mit Krämermarkt (Juli); Domkonzerte (Juli/Aug.); Musikalischer Spätsommer (Sept.); in *Weitensfeld* (8 km westl.) Kranzlreiten (Pfingsten), Karl-May-Festspiele in ›Western City‹ (Juni–Aug.).
❶ Touristikverband Naturpark Gurktal, Hemmaweg 5, A-9342 Gurk.

Friesach ⑨

Kärntens älteste Stadt (636 m), bis 1803 Besitz der Salzburger Erzbischöfe, ist bis heute von mittelalterlichen Stadtmauern mit Wassergraben und Zwinger umgeben.
Sehenswert sind die Burgruine Petersberg mit dem Stadtmuseum (Juni–Mitte Okt. tgl. 10–17 Uhr) im Bergfried (1130), die im Ursprung romanische Stadtpfarrkirche, die Dominikanerkirche (1217/64) mit mystischem Kruzifix (1300) und die Deutschordenskirche (15./17. Jh.).
Aktivitäten: Frei- u. Hallenbad; Tennis; Reiten; Angeln; Flugsport; Burgenwanderweg; Waldlehrpfad; Bootsfahrt im Stadtgraben.
Veranstaltungen: Historisches Stadtfest (Juni); Kinderritterturnier (Juni); Burghofspiele, Theater (Juni–Aug.); Märchensonntage im Stadtsaal (Juli/Aug.); Ritteressen (Aug.); Int. kulturhistorische Tagungen der Universität Klagenfurt (Juli/Aug.); Friesacher Akademie (Sept.).
❶ Tourismusbüro, Hauptplatz 1, A-9360 Friesach.

Metnitz ⑩

Der Straßenmarkt (867 m) liegt hoch über dem malerisch-friedlichen Metnitztal.
Sehenswert ist die gotische Pfarrkirche, berühmt ihr Totentanzfresko (1500).
Aktivitäten: Schwimmbad; Tennis; Reiten; Radfahren; Almwanderungen, Wintersportgebiet Flattnitzer Sattel.
Märkte u. Veranstaltungen: Marktfest (Annatag); Wolfgangimarkt (31. Okt.); Leonhardimarkt (1. So im Nov.); Radlerrallye (15. Aug.); Erntedankfest (1. So im Okt.).
❶ Fremdenverkehrsamt, Marktplatz 13, A-9363 Metnitz.

Maßstab 1:300.000

15 km
12,5
10
7,5
5
2,5
0

Klagenfurt ist eine Stadt zum Flanieren und Einkaufen, nicht nur am Alten Platz mit Dreifaltigkeitssäule, Stadtmodell und schmucken Bürgerhäusern.

Hauptstadt mit Charme: Klagenfurt

Große Ambitionen haben die Klagenfurter eigentlich nie gehabt. Schon die Rolle der Landeshauptstadt fiel ihnen eher in den Schoß, als daß sie sich besonders darum bemüht hätten. Die Stadt ist sich bis heute treu geblieben, präsentiert sich solide und bescheiden. Doch der Bummel über die Plätze, durch die alten Gassen und zahlreichen Museen entpuppt sich als eindrucksvolle Entdeckungsreise. Und jedes Jahr im Juni rückt Klagenfurt sogar in den Mittelpunkt der literarischen Welt — wenn der Ingeborg-Bachmann-Preis verliehen wird.

△ Klagenfurt: Der Lendkanal führt zum Wörther See   Gründer Herzog Bernhard von Spanheim ▽   Mahnender Finger gegen den Übermut: das Wörther-See-Mandl in der Kramergasse ▽

△ Immer was los ist auf Klagenfurts schönem Alten Platz im Herzen der Altstadt, die auch Fassaden der Jahrhundertwende prägen ▽

Wäre es nach dem Willen der Altvorderen gegangen, könnte sich Klagenfurt heute nicht rühmen, die einzige und tatsächliche Hauptstadt Kärntens zu sein. Einzig und tatsächlich deshalb, weil das Land über zwei weitere ›Hauptstädte‹ verfügt: die ehemalige, St.Veit, und die heimliche, Villach, nicht nur im Eishockey Klagenfurts ewiger Konkurrent. 1252 erstmals urkundlich erwähnt, stand der von dem rheinfränkischen Geschlecht der Spanheimer gegründete Ort lange Zeit im Schatten der reichen Herzogsstadt St. Veit. Deren Bürgertum strotzte nur so vor Selbstbewußtsein, so daß Adel und Kaiserhof bald danach trachteten, dem hoffärtigen Übermut ein Ende zu bereiten. 1518 setzte Kaiser Maximilian Klagenfurt als neue Hauptstadt des Herzogtums Kärnten ein.

Vier Jahre zuvor war die Stadt von einer Feuersbrunst eingeäschert worden. Wer wollte da schon die Bürde der Hauptstadt auf sich nehmen? Also sandten die Bürger eine Delegation zu Maximilian, um die Entscheidung rückgängig zu machen. Doch der kranke Kaiser schob das Gesuch abwesend ›in den busen‹, um bald darauf zu sterben. Damit nicht genug: Weil der Monarch zum Neuaufbau nichts hatte beisteuern wollen, ging die Brandstätte in den Besitz der Stände über.

Frühbürgerliche Freiheit

Zu Beginn etwas perplex, zogen die Klagenfurter bald ihren Vorteil daraus, ihre eigenen Herren zu sein. Die frühbürgerliche Freiheit sorgte für einen wirtschaftlichen Aufschwung, und bald entstieg Klagenfurt wie neugeboren der Asche: Man baute eine große Festung nach italienischem Vorbild und grub den fünf Kilometer langen Lendkanal zum Wörther See, der den Stadtgraben bewässerte und zudem als Verkehrsweg diente. Die Bastion ging mit der Geschichte verloren, am Lendkanal aber fahren heute noch die Ausflugsschiffe. Federführend für die Neugestaltung waren italienische Baumeister, allen voran Domenico de Lalio. Sie gaben Klagenfurt jenes Antlitz, das bis heute zum unbeschwerten Flanieren einlädt.

Zweimal in der Woche ist Markt auf dem Benediktinerplatz ▽

△ Klagenfurts repräsentativster Profanbau ist das Landhaus mit zwei Türmen, hofseitiger Arkadengalerie ...   ... und dem Großen Wappensaal mit 665 Landstände-Wappen ▽

△ Einem zünftigen Plausch ist man in Klagenfurt nie abgeneigt

Stuckreiche barocke Pracht im Dom St. Peter und Paul ▽

Lautstarke Geselligkeit

Sich in den Häusern einzuschließen, war hier nie Sitte, vielmehr gehört eine mitunter recht lautstarke, vom leicht melodiösen Tonfall des Kärntner Dialekts geprägte Geselligkeit zum guten Ton. Kein Wunder, daß Klagenfurt bereits Anfang der 60er Jahre als erste österreichische Stadt in der Kramergasse eine Fußgängerzone mit Straßencafés einrichtete, zu einer Zeit, da man andernorts über derartige Schnapsideen nur den Kopf schüttelte. Die Kramergasse beherbergt heute feine Boutiquen und exquisite Läden. Shopping erledigt man in Klagenfurt am besten hier.

Überall nistet die Zeit

Ob am Alten Platz, dem Kern der hochmittelalterlichen Stadt, oder in einer der Seitengäßchen, überall nistet die Zeit. Die Gemäuer der Klagenfurter Innenstadt sprechen eine deutliche Sprache, egal aus welcher Epoche sie stammen mögen: Die Relikte spätmittelalterlicher Baukultur ebenso wie die typischen Arkadenhöfe oder die jüngeren Häuser im Jugendstil. Sie alle sind charakteristisch für eine Stadt, in der stets der Mittelstand dominierte. Im Gegensatz zu altösterreichischen Residenzstädten wartet sie nicht mit Prachtbauten und repräsentativen Sitzen der Hocharistokratie auf. So ist sie heute wie sie immer war: kleinwüchsig und von solider Bescheidenheit.

Route durch die Altstadt

Die Alltagskultur wird greifbar, wenn man den grünen Pfeilen und erläuternden Tafeln folgt, mit deren Hilfe die Altstadt in 38 Stationen auf über drei Kilometern bis ins Detail erforscht werden kann. Der Alte Platz mit der Pestsäule und dem Haus ›Zur Goldenen Gans‹ sind ebenso Stationen wie die Marienkirche am Benediktinerplatz, der Dom oder das Landhaus.
In dessen Großem und Kleinem Wappensaal hat Josef Ferdinand Fromiller von 1739 bis 1741 die 963 Embleme der Kärntner Landstände verewigt. In St. Egyd schuf er das Deckenfresko, eine spätbarocke Allegorie, die auf die kämpferischen Anfänge des Christentums verweist.

△ Klagenfurter Wahrzeichen: Lindwurm am Neuen Platz Ernst-Fuchs-Kapelle in St. Egyd ▽   Längst ein Museumsstück ist die Schreibmaschine des Schriftstellers Robert Musil ▽

△ Ob Ramsch, Kitsch oder Antiquitäten, der Flohmarkt auf Klagenfurts Neuem Platz ... ... hat für jeden etwas zu bieten ▽

Doch St. Egyd bietet auch Neues: Mit Themen aus der Apokalypse des Neuen Testaments zur Werktagskapelle ausgemalt hat der Wiener Professor Ernst Fuchs die frühere Sakristei. Mit den ›Emmausjüngern‹ des Lienzer Künstlers Jos Pirkner setzte sich der französisch-amerikanische Schriftsteller Julien Green 1996 noch zu Lebzeiten ein Grabmonument.

Steinerne Legende: Lindwurm

Auch anderswo hat in Klagenfurt die heutige Zeit ihre Spuren hinterlassen. So wurde unter dem Wahrzeichen der Stadt, dem steinernen Lindwurm, bereits vor Jahren eine Tiefgarage errichtet. Das geflügelte und krallenbewehrte Wappentier wurde im 16. Jahrhundert auf dem Neuen Platz aufgestellt. Der Bildhauer Ulrich Vogelsang hatte es aus einem einzigen Chloritschieferblock des Kreuzbergl, des Hausbergs, gemeißelt.

Der Legende nach war der Lindwurm ein drachenähnliches Untier, das im sumpfigen Umland der Stadt hauste und den Bewohnern zu Lebzeiten ob seines mächtigen Appetits auf Kühe, Schweine und kleine Kinder mächtig auf den Geist gegangen sein soll. Ein findiger Geselle lockte das tumbe Untier dann in eine Falle und erschlug es. Als im ausgehenden Mittelalter ein 75 Zentimeter langer Schädelknochen eines unbekannten Tieres gefunden wurde, galt die Sage vom Lindwurm und dem tapferen Urkärntner als bestätigt.

Erst Mitte des 19. Jahrhunderts wurde der Mythos entzaubert: Die Wissenschaft erkannte, daß der Schädel einstmals auf einem eiszeitlichen Wollnashorn gesessen hatte. Ihren Lindwurm lassen sich die Klagenfurter deshalb aber nicht vermiesen.

Von Musil und Bachmann

Nehmen lassen sie es sich auch nicht, in der Literaturszene mitzureden. Immerhin erblickte Robert Musil (1880–1942) hier das Licht der Welt. Die Geburtsstadt dankt es dem weltberühmten Literaten mit einem eigenen Museum und einem Stück typisch österreichischer Kaffeehausatmosphäre. Das ›Musil‹ gehört zu den berühmtesten Konditoreien des Landes. Hier trifft man sich zum

Das Freilichtmuseum Maria Saal zeigt alte Bauernhäuser aus verschiedenen Tälern Kärntens

Eine Berühmtheit ist der Jüngling vom Magdalensberg, eine lebensgroße römische Bronze ▽

△ *Ländlicher Alltag von einst: Blick in eine Bauernstube im Freilichtmuseum Maria Saal*

88

△ Klagenfurts Minimundus: die große, weite Welt in klein

Umfangreiche keltisch-römische Ausgrabung am Magdalensberg ▽

Plausch, schmökert sich durch die Zeitungslandschaft und nascht beim Großen Braunen von Torten oder anderen süßen Versuchungen.
Auch Ingeborg Bachmann (1926 bis 1973) war Klagenfurterin. Dank ihr glückt der Stadt Jahr für Jahr der Sprung ins deutschsprachige Feuilleton. Der nach der Schriftstellerin benannte Literaturpreis, der Jahr für Jahr von einer ebenso er- wie belesenen Jury vergeben wird, hat internationales Gewicht und schon so manchem Schreibtalent zur Karriere verholfen.

Muffige Kulturpolitik

Trotzdem wird in einschlägigen Kreisen nicht selten der Vorwurf laut, in Klagenfurt herrsche ein für ganz Kärnten symptomatisches kulturelles und kulturpolitisches Klima, das von muffiger Engstirnigkeit und dem Ränkespiel profilierungssüchtiger Provinzpolitiker geprägt ist. Daß im Sommer 1996 mit der vom Verleger Helmut Ritter betriebenen ›Kunsthalle‹ das einzige Zentrum für zeitgenössische Kunst mit überregionaler Reputation ›Konkurs‹ anmeldete, gilt dabei als Beweis.
Dennoch, neben dem subventionierten Landestheater halten insbesondere kaum bis gar nicht unterstützten Bühnen die Szene am Leben: das Stadttheater, die von Studenten gegründete Initiative ›Unikum‹ und das österreichweit profilierte Ikarus-Tanztheater.

Über Geschichte stolpern

Während Klagenfurts Minimundus mit 160 Miniaturbauten die heutige Welt im kleinen zeigt, stolperten und stolpern die Menschen im nördlichen Zollfeld mit dem Freilichtmuseum und der Wallfahrtskirche Maria Saal und dem Herzogsstuhl buchstäblich immer wieder über die Geschichte. 1502 stieß ein Bauer beim Pflügen auf die Bronzestatue eines Jünglings: der erste Hinweis auf die Schätze, die der Magdalensberg unter seiner Erde verbarg. Es war eine terrassenförmig angelegte spätkeltisch-frührömische Siedlung, vermutlich die Hauptstadt des Keltenreiches der Noriker.
Heute bieten die Reste keltischer und römischer Tempel, Tribunale und Gräberstraßen mit einem Schuß

△ Die Märchenburg Hochosterwitz wurde 1571 der Besitz von Georg Khevenhüller ▽   Einer der größten Altäre Kärntens ist der Hochaltar von 1622 in der Stiftskirche von Viktring ▽

△ Erstes der 14 Tore von Hochosterwitz ist das Fähnrichstor Über der Drau liegt die barocke Wallfahrtskirche Maria Rain ▽

Im Volksmund ›Postkutsche‹ heißt der römische Reliefstein mit der ›Jenseitsfahrt‹ in der Südwand der Wallfahrtskirche Maria Saal ▽

ergänzender Phantasie die Möglichkeit zu einer eindrucksvollen Zeitreise. Ein altes Weinfaß birgt noch den Geruch des Harzes, mit dem der Rebensaft konserviert wurde. Woanders können die Preise abgelesen werden, die ein Händler einst an die Wand seines Ladens schrieb.

Gebet mit strammen Wadeln

Der Magdalensberg ist auch alljährlicher Ausgangspunkt des ›Vierbergelaufs‹. Zwei Wochen nach Ostern, am Dreinagelfreitag, an dem die Kreuzigungsutensilien verehrt werden, ziehen Wallfahrer innerhalb von 24 Stunden über vier Berge Mittelkärntens, vom Magdalensberg über den Ulrichsberg und den Veitsberg auf den Lorenziberg. Wacholderbüschel, Efeu, Immergrün und Buchsbaum werden dabei am Gewand befestigt. Wacholder macht die Füße leicht, Efeu hält den Teufel in Bann, Immergrün wehrt die Geister ab, und Buchsbaum bringt den Satan endgültig zum Weichen.
Glaube und Aberglaube liegen eben eng beisammen, und der Ursprung des Vierbergelaufs ist ohnehin in keltischen Riten zu finden. Das anhaltende Gebet aber unterstreicht die hehre Absicht der Wallfahrer, die jüngst immer mehr Hobbysportler auf ihrem 47 Kilometer langen Weg begleiten, deren fitneßorientiertes Auftreten höchst deplaziert ist.

Märchenburg Hochosterwitz

Im Glantal thront die Burg Hochosterwitz wie eine Märchenburg auf einem 160 Meter hohen Felskegel. Kein Wunder, daß sie Walt Disney als Vorlage für seinen Film ›Schneewittchen‹ diente. Kärntens Wahrzeichen ist über einen 620 Meter langen Weg durch 14 Torbauten zu erklimmen. Oben angekommen, gibt es ein Waffen- und Rüstungsmuseum, die Burgschenke und eine beeindruckende Fernsicht.
Nicht nur die gepanzerten Streiter der Margarethe Maultasch, Gräfin von Tirol, zogen vergeblich gegen Hochosterwitz. Auch viele andere Reiter, Ritter und Regimenter hatten ein begehrliches Auge auf den Trutzbau geworfen. Doch erobert wurde er nie. Und so ist die heroische Burg seit 1571 ohne Unterbrechung Besitz der Familie Khevenhüller.

Wo gibt es was?

Nadel-/Fähnchennummer = Textnummer • = Auskunft

Klagenfurt ①–⑰

Kärntens Landeshauptstadt (90 000 Ew.), Sitz der Landesregierung, Industriestandort (Metallverarbeitung, Chemie, Elektro, Leder), Handels- und Dienstleistungszentrum mit jährlichen Fachmessen, liegt am Ostende des Wörther Sees.

Geschichte: Der um 1161 gegründete Marktflecken erhielt 1252 Stadtrecht. 1518 wurde Klagenfurt Hauptstadt von Kärnten. Während Kärntens Freiheitskampf gegen die Slowenen (1918–1920) war die Stadt 1919 vorübergehend von Truppen des serbisch-kroatischen Königreichs besetzt.

Altstadt: Günstiger Ausgangspunkt für die Besichtigungstour ist der *Neue Platz* ①, ehemals Richtstätte und Exerzierfeld, heute Verkehrsknotenpunkt, mit dem Lindwurm (1590) samt seinem Bezwinger (1636) in der Mitte und dem Maria-Theresia-Denkmal (1765). Über die gesamte Westseite erstreckt sich das Rathaus, das ehemalige Palais Orsini-Rosenberg (um 1650), mit klassizistischer Fassade und beachtenswertem Treppenaufgang.

Nördlich führt die Kramergasse als Fußgängerzone mit feinen Geschäften, dem Wörther-See-Mandl, einer kleinen Statue, und schönen Jugendstilhäusern zum *Alten Platz* ②, dem Hauptplatz des hochmittelalterlichen Klagenfurts. Rund um die barocke Pestsäule (1680) liegen alte Häuser mit liebevoll restaurierten Barockfassaden. Das Alte Rathaus (Nr. 1), hat einen besonders reizvollen Arkaden-Innenhof. Das ›Haus zur Goldenen Gans‹ (Nr. 31) ist das älteste Gebäude der Stadt. Schön ist auch das ›Haus zur blauen Kugel‹ (Nr. 24).

Das *Landhaus* ③, ein mächtiger Renaissancebau (1574/90), ist ein Schatz für Heraldiker. Die beiden Wappensäle des einstigen Landständesitzes zieren 963 Embleme der Landstände sowie historische Wand- und Deckengemälde von J. F. Fromiller und Suitbert Lobisser (April–Sept. mo–fr 9–12 u. 12.30–17 Uhr).

Die Wiener Gasse mit bedeutenden Altbauten (16.–18. Jh.), darunter dem *Ossiacher Hof* ④ (Nr. 10) mit schönen Arkadenhöfen, führt zum *Heuplatz* ⑤ mit dem Florianidenkmal (1781). Bedeutend in der stattlichen barocken Emporenkirche *St. Egyd* ⑥ (1692/97) sind die Deckenfresken und Altäre. Der Turm (ca. 92 m) bietet einen phantastischen Blick über die Stadt (Mai–Sept. mo–fr 10–17.30, sa 10–12.30 Uhr). Im Wallanlagen-Park liegen das *Stadttheater* ⑦, ein Jugendstilbau (1910), und das *Künstlerhaus* ⑧, Goethepark 1, die Heimstätte der bildenden Künstler (mo–fr 10–13 u. 16–19, sa 10–13 Uhr).

Die *Heiliggeistkirche* ⑨ im Ursulinenkloster (17. Jh.) ist eines der ältesten Gotteshäuser der Stadt (um 1355). Ehemals gotisch, wurde sie 1630/39 barock umgestaltet. Die *Marienkirche* ⑩ (um 1620) des Franziskanerklosters (1613/17) ist ein Barockbau mit zeitgleicher Ausstattung. Auf dem nördlichen Benediktinerplatz steht der sagenhafte Steinernen Fischer (1606). Über die Lidmanskygasse erreicht man die *Domkirche* ⑪. 1582 als evangelischer Sakralbau errichtet, wurde das für seine reiche Barock- und Rokokoausstattung berühmte Gotteshaus im Zuge der Gegenreformation den Jesuiten übereignet.

Museen: Im Haus am Dom ist das *Diözesanmuseum* ⑫ untergebracht, Lidmanskygasse 10/3 (Juni–Okt. mo–sa 10–12, Mitte Juni–Mitte Sept. auch 15–17 Uhr). Die *Kärntner Landesgalerie* ⑬, Burggasse 8, zeigt eine repräsentative Sammlung Kärntner Malerei des 19./20. Jh. (mo–fr 9–18, sa/so 10–12 Uhr). Das *Koschatmuseum* ⑭, Viktringer Ring 17, gedenkt mit Partituren, Briefen und Erinnerungsstücken des Liederkomponisten (1845 bis 1914) aus Kärnten (Mitte Mai–Mitte Sept. mo–sa 10–12 Uhr). Das *Landesmuseum für Kärnten* ⑮, Museumsgasse 2, widmet sich der Kultur- und Naturgeschichte (di–sa 9–16, so 10–13 Uhr). Das *Robert-Musil-Museum* ⑯, Bahnhofstr. 50, ist lebendige Literaturgeschichte (mo–fr 10–12 Uhr). Die *Stadtgalerie* ⑰, Theatergasse 4, zeigt Kunstausstellungen (mo–fr 10–19, do auch bis 21, sa/so 10–15 Uhr). *Landwirtschaftsmuseum* ist Schloß Ehrental, Ehrentaler Str. 119 (nördl. außerhalb der Stadtkarte; Mai–Okt. tgl. 10–16, Juni–Aug. bis 18 Uhr).

Kreuzbergl: Die Radetzkystraße führt zum Naturpark Kreuzbergl (westl. außerhalb der Stadtkarte) mit 65 km Wander- u. Spazierwegen, Kreuzbergl-Kirche (1742), Kalvarienberg (1692), Sternwarte (mi u. fr abends) sowie Botanischem Garten (Mai bis Sept. mo–so 9–18, Okt.–April mo–do 7–16 Uhr) und Bergbaumuseum (April bis Okt. tgl. 9–18) am Prof.-Dr.-Kahler-Platz.

Europapark: Attraktionen des Parks am See (westl. außerhalb der Stadtkarte) sind: Minimundus mit 160 Miniaturbauten (April–Okt. tgl. 8.30–17 bzw. 19/21 Uhr); Reptilienzoo (tgl. 8–18), Raumfahrtplanetarium (tgl. Mai 14 u. 16, Juni 14–16, Juli/Aug. 11–17, Sept.–Okt. 15 Uhr); Museumsbahn (Juli/ Aug. sa 16–19, so 10–12 u. 16–19 Uhr; 2. u. 4. sa/so Pferdebetrieb); Strandbad mit 40 000 m² Liegewiese; Bootsverleih; Wasserskischule.

Maria Loretto: Auf der nahen Halbinsel liegen Kapelle und Schloß Maria Loretto (17. Jh.). Besonders die Seeterrasse des dortigen Restaurants lohnt den Besuch.

Cafés u. Kneipen: Kaffeehaus ›Musil‹, 10. Oktober-Str. 14, Künstlercafé ›Pri Joklnu‹, genannt ›Bierjockel‹, 10. Oktober-Str. 21, Bierlokal ›Pumpe‹, Lidmanskygasse 2.

Märkte u. Veranstaltungen: Markt auf dem Benediktinerplatz (do u. sa); Operettensommer im Stadttheater (Juli/Aug.); Messe (Aug.); Altstadtzauber (Aug.).

• Klagenfurt Tourismus, Rathaus, Neuer Platz, A-9010 Klagenfurt.

Viktring ⑱

Der 1142 als Zisterzienserstift (1786 aufgelassen) gegründete weitläufige Komplex war eines der wichtigsten Klöster Kärntens. Die Stiftskirche, eine dreischiffige Pfeilerbasilika mit Spitztonnengewölbe, besitzt kostbare Chorfenster (um 1400).

Maria Rain ⑲

Auf aussichtsreichem Hügel über der Drau liegt die barocke Wallfahrtskirche (1729), im Kern gotisch, mit prachtvollen Altären von Ferdinand Stainer. Der Erholungsort bietet zahlreiche Wanderwege.

• Gemeindeamt, A-9161 Maria Rain.

Maria Saal ⑳

Der Wallfahrtsort ist eine der wichtigsten alten Kultstätten Kärntens. Als Zentrum der Christianisierung des Landes weihte man hier bereits um 750 eine Marienkirche.

Sehenswert ist die Kirchenburg mit der spätgotischen Wallfahrtskirche (15./17. Jh.) mit schöner gotischer und barocker Ausstattung und wertvollen Fresken. Berühmt ist das römische Relief ›Postkutsche‹ in der Südwand. Die Propstei beherbergt ein Möbelmuseum (Mitte Mai–Okt. mo–fr 10–16 Uhr). Früheres bäuerliches Leben zeigt das Kärntner Freilichtmuseum nördl. des Ortes (Mai–Okt. di–so 10-18 Uhr). Auf dem Herzogstuhl (1,5 km nördl.), einem Steinsitz (14. Jh.), wurde Kärntens Herzögen gehuldigt und Gericht gehalten. Die Pfarrkirche (9. Jh.) von *Karnburg* (2 km westl.) gilt als Kärntens älteste.

Märkte u. Veranstaltungen: Bauernmarkt (Palmsamstag); Krämermärkte (Pfingsten); Großer Frauen- und Kirchtag (15. Aug.); Ulrichsbergtreffen (1. So im Okt.).

• Gemeindeamt, Am Platzl 7, A-9063 Maria Saal.

Magdalensberg ㉑

Auf dem Magdalensberg (1060 m) gibt der Archäologische Park mit Relikten einer keltisch-römischen Siedlung einen eindrucksvollen Blick in den Alltag vor über 2000 Jahren (Mai–Okt. tgl. 9–19 Uhr). Auch in die gotische Magdalenenkirche (1499) sind römische Marmorquader eingemauert.

Veranstaltungen: Vierbergelauf (2. Fr nach Ostern); Wiesenmarkt (29. Sept.).

• Gemeindeamt, A-9064 Pischeldorf.

Hochosterwitz ㉒

Die trutzige Märchenburg (um 1580) ist über einen 620 m langen Weg durch 14 Torbauten zu erklimmen. Sie besitzt ein glanzvolles Waffen- und Rüstungsmuseum (Palmsonntag–Okt. tgl. 9/8–17/18 Uhr).

• Burgverwaltung Hochosterwitz, A-9314 Launsdorf-Hochosterwitz.

Wenn die Abendsonne ihre letzten Strahlen auf den Klopeiner See wirft, zeigt sich die Natur von ihrer romantischsten Seite.

Nostalgischer Winkel Görtschitz-Rosental

Das Hüttenberger Eisen stand einstmals hoch im Kurs. Schon die Legionäre Roms freuten sich über seine Qualität, die ihre Schwerter besonders schlagfertig machte. Inzwischen hat der Bergbau seine Bedeutung verloren, im Görtschitztal aber stehen immer noch die Zeugen der montanistischen Vergangenheit. Waffen wurden auch in Ferlach im südlichen Rosental geschmiedet. Hier, im Grenzgebiet, ist manches anders, zum Beispiel die Sprache, die von der slowenischen Bevölkerung bis heute gepflegt wird.

△ Hoch über dem Görtschitztal thront das Privatschloß Eberstein, das im 19. Jahrhundert sein historisierendes Gepräge erhielt

1996: Einweihung des Karners von Stein im Jauntal ▽

Den Karner innen gestaltete die Künstlerin Kiki Kogelnik ▽

△ Schul- und Verwaltungszwecken dient das einst von Augustinerchorherren, Jesuiten und Benediktinern bewohnte Stift Eberndorf

△ Am stimmungsvollen Klopeiner See ... ... läßt sich im Restaurant ›St. Georg‹ von St. Kanzian stilvoll speisen ▽

Der hietenbergisch Erzberg ist das kostbarste Kleinod, von dem das Wohl und Wehe des ganzen Herzogthumbs Kärnten abhängt.‹ Der hofkämmerliche Protokollist, der diesen Satz im Jahr 1729 verewigte, wußte, wovon er schrieb. Über Jahrhunderte lag in der Umgebung Hüttenbergs im oberen Görtschitztal das Zentrum des Kärntner Eisenerzbergbaus. Schon die Legionäre Roms waren von der enormen Härte und der grandiosen Elastizität der norischen Schwerter sehr angetan. Der außerordentlich hohe Sauerstoffgehalt des Eisens ermöglichte eine Produktqualität, die jener des Stahls nahe kam.

Später wurde der gesamte Eisenbedarf der Monarchie von Hüttenberg aus gedeckt. Heute läßt sich deren eiserne Glanzzeit mit ihrer höchsten Blüte im 19. Jahrhundert nur noch in Form von Relikten nachvollziehen. Etwa im Mosinzgraben, nur wenige Kilometer hinter Hüttenberg, mit seinem burgähnlichen Szenario der mächtigen Hochöfen von Heft und Zosen, wo sich zwischen meterdicken Mauern in geradezu unheimlicher Stille die Gewalt des Feuers noch erahnen läßt.

Rosental: Heimat der Büchsen

Wer weiß, wie ruhig der Wilde Westen geblieben wäre, hätte nicht der Ferlacher Büchsenmacher Leopold Gasser 1870 Tausende Kilometer entfernt einen ›schweren Revolver mit Mehrladevorrichtung in Form einer drehbaren Trommel‹ beim Patentamt angemeldet. Während sich Billy the Kid und Calamity Jane noch mit Knarren herumärgerten, die pro Schuß zwei Handgriffe erforderten, war beim neuen Patent Schießen und Nachladen auf einmal möglich. Der Rest ist bekannt: Bald war der Trommelrevolver auch jenseits des großen Teichs in Mode, wodurch sich die durchschnittliche Lebenserwartung im Saloon nicht unbedingt erhöhte. Was die Cowboys gewiß nicht wußten: Daß man die revolutionäre Waffe ausgerechnet in Ferlach im Rosental erfand, war kein Zufall. Bis ins 19. Jahrhundert werkten hier die Waffenschmiede des Habsburgerreichs. Geblieben ist das Büchsenmachermuseum.

△ Ferlach im Rosental: Automobil-Nostalgie im Museum für Technik und Verkehr

Unvergeßliches Erlebnis ist die Führung durch Bad Eisenkappels Obir-Tropfsteinhöhlen ▽

△ Rosentaler Traditionen: Dampflok, ...

... Faßbinder bei der Arbeit in St. Margareten ▽

△ Wilde Romantik in der Tscheppaschlucht im nahen Unterloibl

Zeitlos: Gehöfte in Zell Pfarre–Sele Fara ▽

Zweisprachiges Mundwerk

Hier, im äußersten Süden, ist manches anders als im Kärntner Binnenland. Die Grenze zu Slowenien ist nah, und Kulturen sind im Gegensatz zu Staatsgebilden bekanntlich nicht mit einem Strich auf der Landkarte zu trennen. Daher kommen hier beide Sprachen zum Zug, Slowenisch und Deutsch. Und mancherorts, etwa im malerischen Zell-Sele vor dem mächtigen Gebirgsmassiv der Koschuta, vermischen sie sich zur wohlklingenden Einheit: Durch tausende deutsche Lehnwörter entstand im Verlauf der Generationen eine slowenische Mischsprache, die man ›Windisch‹ nannte. Eine typische Volkssprache, die am Stammtisch dominiert, in der Schriftform aber nicht existiert. Vertreter der slowenischen Sprachgruppe vermeinen in der Bezeichnung ›Windisch‹ freilich eine abwertende Haltung mitschwingen zu hören, weshalb sie nun nicht mehr gebräuchlich ist.

Schnittpunkt dreier Kulturen

Doch von einer heilen Welt der Toleranz ist man weit entfernt. Kärnten, Land der Widersprüche: Kaum einer, der sich nicht offen und welterfahren sieht und nicht mit Stolz auf die Lage des Landes am Schnittpunkt dreier Kulturen hinweist: der italienischen, deutschsprachigen und slawischen. Viele leiten von dieser Lage ihre Fähigkeit im Umgang mit dem Fremden und Ungewohnten ab.

Dennoch verfängt sich die öffentliche Diskussion in und über Kärnten immer wieder an der ›Slowenenfrage‹. Auch wenn der Sprachenkampf längst nicht mehr solche Kapriolen schlägt wie noch vor wenigen Jahrzehnten, als neu errichtete Ortstafeln, auf denen der Name der Gemeinden auch auf Slowenisch angeführt war, von ›aufgeschlossenen‹ Kärntnern gestürmt, beschmiert und zertreten wurden, halten ihn die Sprachpuristen beider Seiten am Köcheln: Während die Orte mit großteils slowenischer Bevölkerung von zweisprachigen Tafeln begrenzt sind, verzichtet manch deutschsprachiges Dorf auf eine Beschilderung. Es müßte seinen Namen dann nämlich auch auf Slowenisch angeben.

99

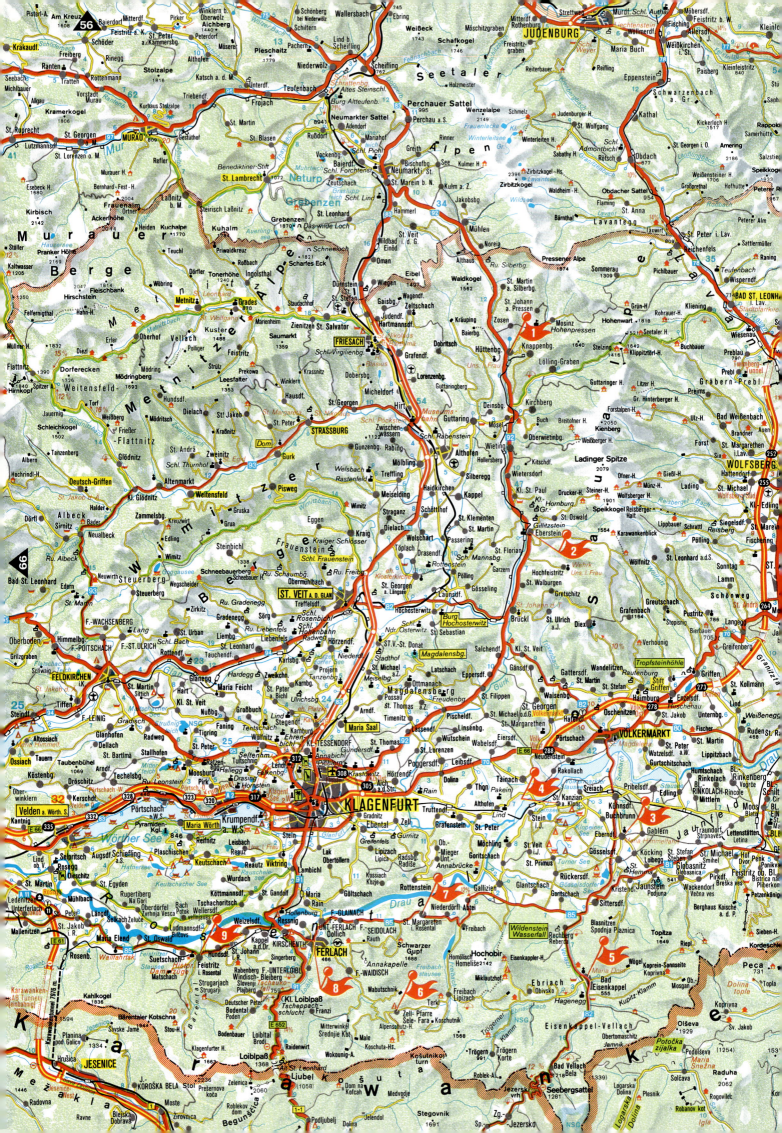

Wo gibt es was?

Fähnchennummer = Textnummer   ⓘ = Auskunft

Hüttenberg ①

Der am Rand der Saualm und der Seetaler Alpen gelegene Markt (780 m) lebte von der Römerzeit bis zum Jahr 1978 vom Eisenerzabbau.
Sehenswert ist die denkmalgeschützte benachbarte Bergarbeitersiedlung *Knappenberg* (um 1920 von Siegfried Theiß und Hans Jaksch entworfen) mit ihren Museen: Schaubergwerk mit Bergbaumuseum und Mineralienschau (Mai–Okt. tgl. 10–17 Uhr), Heinrich-Harrer-Museum mit tibetischem Pilgerpfad Lingkor (Mai–Okt. tgl. 10–17 Uhr), Ausstellungszentrum Heft (Mai–Okt. Voranmeldung Bergbaumuseum), Puppenschau ›Kärntner Eisenwurzen‹, Reiftanzplatz 18 (Mai–Okt. tgl. 10–12 u. 14–17 Uhr), Schmiede- und Schlossereimuseum Lölling im Gasthof Neugebauer, Graben 6.
Aktivitäten: Tennis; 60 km Wanderwege; Hobbykurse im Geozentrum Knappenberg; im Winter Eislaufen, Eisstockschießen, Familienskigebiet am Klippitzthörl (1644 m).
Markt u. Veranstaltungen: Krämermarkt (Palmsonntag u. Dez.); Fackelwanderung am Lingkor (4. Juni); Barbarafeier im Schaubergwerk (4. Dez.); Hüttenberger Reiftanz (3jährl. So nach Pfingsten, nächster 1998).
ⓘ Marktgemeindeamt, Reiftanzplatz 1, A-9375 Hüttenberg.

Eberstein ②

Der kleine Ort (575 m) ist zentral im mittleren Görtschitztal gelegen.
Aktivitäten: Beliebter Ausgangspunkt für Fuß- und Radwanderungen (gekennzeichnete Wege); 2 Tennisplätze; im Winter Eislaufplatz, Eisbahnen, 3 Skilifte.
Sehenswert ist das ›Märchenschloß‹ Eberstein (mehrfach umgebaut, zuletzt 1851, Privatbesitz ohne Besichtigung).
Umgebung: Im Gebiet der Saualpe liegen die Wehrkirche *Hochfeistritz* (ca. 14. Jh.; 4 km südl.), die spätbarocke Wallfahrtskirche Maria Hilf (um 1725) und das mittelalterliche Hochofenwerk *Gillitzstein* (2 km nördl.), in *Klein St. Paul* (4 km nördl.) das Museum zu Industrie und Geschichte Görtschitztal, Sittenbergstraße-Lachitzhof (15. Juli–15. Sept. mi 9–12 u. 14–16 Uhr).
Markt u. Veranstaltungen: Krämermarkt (Di vor Ostern u. Pfingsten); Kulturwochen (März/April); Volksliedtage (Sept.).
ⓘ Gemeindeamt, A-9372 Eberstein.

Eberndorf ③

Die Gemeinde (477 m) liegt günstig zwischen den Badeseen des Unterlandes und dem waldreichen Dobrowagebiet.
Aktivitäten: Wassersport am Klopeiner-, Turner-, Sonnegger- sowie Gösselsdorfer See; FKK-See-Campinganlage Rutar Lido mit Hallen- und Freibädern; Radeln; Golf; Angeln; Sommerrodeln; Reiten; Bungee-Jumping von der Jauntalbrücke; Naturerlebnispark beim Sablatnigmoor; Wintersport auf der Petzen (2126 m).
Sehenswert ist das Augustiner-Chorherrenstift (Ursprung 12. Jh.).
Umgebung: In *Hemmaberg* (4 km südl.) besitzt die Wallfahrtskirche (1498/1519) im Turm eine römische Grabinschrift. Wundertätige Heilkraft werden dem Naturdenkmal Rosaliengrotte nachgesagt. In *Globasnitz* (8 km südöstl.) findet man im Antikenmuseum Reste frühchristlicher Kirchen und bedeutender Mosaikfußböden (Mai–Okt. tgl. 10–12 u. 14–17 Uhr).
Markt u. Veranstaltungen: Josefimarkt (März); St. Hemma-Wallfahrt (27. Juni); Südkärntner Sommerspiele, Theater- und Musikaufführungen, im Stiftshof (Juli/Aug.).
ⓘ Tourismusverein, A-94236 Eberndorf.

St. Kanzian am Klopeiner See ④

Der Urlaubsort (446 m) ist Hauptort der sogenannten Seenplatte mit vor allem Klopeiner und Turner See (bis zu 29° C).
Sehenswert ist die Pfarrkirche romanischen Ursprungs, eindrucksvoll die Fernsicht vom Georgiberg über das Kärnter Unterland.
Aktivitäten: Wassersport; Angeln; Tennis; Reiten; Golf; Rad- und Mountainbiking (mit Verleih); bequeme Wanderwege.
Veranstaltungen: Kinder- und Familienfeste (Juli/Aug.); Striezelwerfen in *Stein* (2 km westl.; 5. Feb.).
ⓘ Tourismusverband Klopeiner See/Turner See, Klopeiner Str. 5, A-9122 St. Kanzian am Klopeiner See.

Bad Eisenkappel ⑤

Österreichs südlichster Markt (558 m) im waldreichen Vellachtal ist seit 1996 anerkanntes heilklimatisches Bad.
Sehenswert sind die Wallfahrtskirche Maria Dorn (14./15. Jh.) mit berühmten Außenfresken (um 1490), St. Leonhard (16. Jh.), Kärntens höchstgelegene Kirche, Schloß Hagenegg (15.–17. Jh.; Privatbesitz) und die Obir-Tropfsteinhöhlen mit ausgeklügelten Licht- und Akustikeffekten (Führung von ca. 3 Std. Mai–Okt. tgl. 9.15–15.30 Uhr).
Aktivitäten: Freibad; Tennisanlage mit Hallen- und Freiplätzen; Squash; Mountainbiking; Radeln; Angeln; großes Wandergebiet; im Winter Eislaufplatz, Eisstock.
Märkte u. Veranstaltungen: Jahrmärkte (2. Mai, 2. Juli, 28. Okt.); Kirchleintragen (1. Feb.); Kirchtag (Aug.), Kurkonzerte.
ⓘ Touristinformation, A-9135 Bad Eisenkappel.

Zell Pfarre–Sele Fara ⑥

Der zweisprachige Ort (951 m), in einem romantischen Hochtal am Fuß von den Steilwänden der Koschuta gelegen, ist beliebter Stützpunkt für Bergtouren in die Ostkarawanken, z. B. zum Koschuta-Haus (1279 m). Das häufigste Ausflugsziel der Karawanken ist der Hochobir (2141 m).
ⓘ siehe Ferlach.

St. Margareten im Rosental ⑦

Der Ort (607 m) am Fuß der Karawanken ist ideal für Ruhe- und Erholungssuchende.
Aktivitäten: Bergtouren zum Hochobir (2141 m), Kleinobir (1947 m), Schwarzgupf (1689 m).
Sehenswert ist die barocke Pfarrkirche (17. Jh.) vor allem wegen ihrer Lage vor den steilen Felswänden der Koschuta.
Veranstaltung: ›Pija‹-Schießen (Karsamstag und Ostersonntag).
ⓘ Gemeindeamt, A-9173 St. Margareten/Rosental 9.

Ferlach ⑧

Als Waffenschmiede Maria Theresias hatte die Stadt (466 m) ihre Hochblüte. Heute sind Jagdwaffen sowie Produkte der Werkzeug- und Präzisionstechnik die wichtigen Exportartikel.
Sehenswert sind das Büchsenmachermuseum im Rathaus (Mai–Okt. mo–fr 10–13 u. 15–18, sa 10–13, Juli–Sept. sa 10–18 Uhr) und das Museum für Technik und Verkehr, Auengasse, Halle 8 (Juli–Sept. sa/so 10–17.30 Uhr), kombinierbar mit einer Rosentaler Dampfbummelzugfahrt.
Aktivitäten: Strandbad Ressnig; Tennis; Radverleih; Schießen; Wandern; Bergsteigen; Angeln; Segelfliegen; Paragleiten.
Umgebung: Bei *Unterloibl* (2 km südl.) beginnt die malerische Tscheppaschlucht, die zum Tschaukofall und dem berühmten Gasthaus ›Deutscher Peter‹ (um 1666) führt (Weg ca. 1,5 Std.). In *Kirschentheuer* (5 km westl.) lohnt das Bienenmuseum, Büro im Gasthof Ratz (April–Okt. fr u. sa/so 13–19, Juni–Sept. tgl. 13–19 Uhr.).
Veranstaltungen: Osterfeuer in *Kirschentheuer* (Karsamstag); Stadtfest (Juni).
ⓘ Natur- und Ferienregion Rosental, Kirchgasse 5, A-9170 Ferlach.

Feistritz im Rosental ⑨

Die Marktgemeinde (545 m) ist sehr eindrucksvoll am Draustausee gelegen.
Aktivitäten: Tennis; Radeln; Modellfliegen; Mountainbiking; Angeln; Klettern; Badesee in *St. Johann* (2 km östl.); im Winter Eislaufplatz, Langlauf, Schlepplift.
Sehenswert sind das Krampus- und das Schmiedemuseum in *Suetschach* (1 km westl., Besichtigung nach Voranmeldung) und die Wallfahrtskirche *Maria Elend* (15./18. Jh., 8 km westl.) mit spätgotischem Flügelaltar (um 1515) in der südlichen Seitenschiffapsis.
Bauernmarkt (jeden 2. Fr im Monat).
ⓘ Gemeindeamt, A-9181 Feistritz/Rosental.

Maßstab 1:300.000

101

In der barocken Wallfahrtskirche Maria Loreto von St. Andrä bitten vor allem Augenkranke um die Linderung ihrer Leiden.

Voller Geist und Poesie: das Lavanttal

Die Schönheit des idyllischen Lavanttals regte seit jeher die Gemüter an – lyrische und hochgeistige, wie die Gedichte von Christine Habernig oder die Prachtbibliothek des Stifts St. Paul zeigen. Bodenständig sind die Genüsse in den Buschenschenken, wo der aus Lavanttaler Äpfeln gewonnene spritzige Most fließt. Die ältesten Zeugnisse menschlichen Lebens auf Kärntner Boden fand man in der Tropfsteinhöhle von Griffen, samt den Knochen von Bären, Löwen, Mammuts und Riesenhirschen.

△ Kärntens geistiges Zentrum: Stift St. Paul im Lavanttal

Ziel zahlreicher Pilger: Maria Loreto in St. Andrä ▽

Ein Schatz von St. Paul ist das Adelheidskreuz (11./12. Jh.) ▽

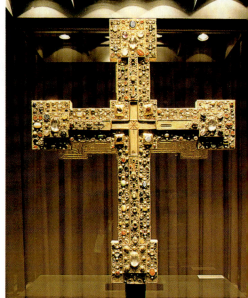

In der Bibliothek von St. Paul erscheint der Sternenhimmel ▽

Es kommt wohl nicht von ungefähr, daß die Dichterin Christine Habernig ihr Werk unter dem Namen ›Lavant‹ herausgab, angelehnt an das gleichnamige Tal, zugleich Heimat wie der Stoff ihres Schaffens. 1915 bei Wolfsberg geboren und 1973 ebendort gestorben, spiegelt ihre formenstrenge Lyrik ein von Armut, Krankheit und Not gezeichnetes Leben wider.
Aber auch die Sehnsucht nach einer Landschaft, die vor allem im Frühling ihre Reize spielen läßt, wenn der Duft Tausender Obstbäume in der Luft liegt, oder im Frühsommer, wenn die Almrauschblüte die Almmatten in leuchtend rote Teppiche verwandelt. Fruchtbar war die Gegend schon immer. Und selbst wenn die Bedeutung als Lebensmittelversorger der Ballungszentren Klagenfurt oder Maribor verloren ging, ist das feine Aroma der Lavanttaler Äpfel weithin berühmt. Besonders, weil aus ihnen der spritzige, leicht alkoholische Most gewonnen wird – Kärntens Nationalgetränk.

Spürbare Grenznähe

Die Geschichte hat es gerade den Bewohnern des unteren Lavanttales nicht leicht gemacht. Lavamünd im südöstlichsten Winkel Kärntens lag immer schon im Grenzgebiet, wurde oft hin- und hergeschoben, und selbst 1991, als seine Zugehörigkeit zu Kärnten niemand mehr in Abrede stellen konnte oder wollte, blickten die Lavamünder besorgt nach Slowenien hinüber, wo die serbische Bundesarmee gegen die slowenische Miliz vorrückte. Manch einer ließ vorsichtshalber die Rolläden hinunter. Denn der Krieg zwischen den Staaten der jugoslawischen Föderation spielte sich vor der Haustür ab: Die Grenze verläuft unmittelbar hinter dem Ort.

Altehrwürdiges Stift St. Paul

St. Paul wird gerne als geistiges Zentrum der Kärntner Geschichte bezeichnet. Das liegt am Benediktinerstift, das 1091 von reformfreudigen Mönchen aus Hirsau im Schwarzwald in imposanter Manier auf einen Felsen gesetzt wurde, um als Vorposten hochmittelalterlicher Kultur und Zivilisation einen besonderen Rang einzunehmen.

△ Die Presse im Obstbaumuseum von St. Paul ... ... erinnert an die Tradition der Apfelregion Lavanttal ▽

△ Griffen: Stiftskirche mit barocker Fassade

△ Wolfsberg: Schloß im Windsor-Stil, ...

Bleiburg: Kinderfreuden auf dem Wiesenmarkt ▽

... Stadtidylle am Fluß ▽

Mittelpunkt von Wolfsbergs Hauptplatz ist die Mariensäule (1718) mit den Heiligen Rochus, Heinrich und Sebastian ▽

Benediktiner gibt es nur noch wenige. Doch die pflegen neben dem ewig gültigen ›ora et labora‹ auch das Geheimnis jahrhundertealten Wissens, aufbewahrt in der Bibliothek mit mehr als 50 000 Bänden, darunter wertvolle Bücher, Inkunabeln oder Handschriften. Die alte Bildungstradition setzt sich bis heute fort: St. Pauls Kultursommer mit Konzerten, Ausstellungen, Workshops und Literaturevents gedeiht durch den Reiz der klösterlichen Atmosphäre stets zu einem außergewöhnlichen Ereignis.

Bezirkshauptstadt Völkermarkt

Zwischen Klosterobrigkeit und Herzogtümern hin- und hergerissen sah sich die Bezirkshauptstadt Völkermarkt. 1105 von einem rheinfränkischen Kaufmann namens Volko gegründet, wurde der Markt rund 150 Jahre später von einem Spanheimer Herzog St. Paul überschrieben. Das Ringen um die Stadt setzte sich in den Türkenkriegen und vor allem in den verlustreichen Abwehrkämpfen nach dem Ersten Weltkrieg fort, als Jugoslawien das Gebiet für sich beanspruchte.

Erst mit der Volksabstimmung 1920 zugunsten Österreichs kehrte Ruhe in die kleine Stadt ein. Was nicht heißt, daß es in ihr nicht kräftig pulsiert, ist sie doch die Metropole des Kärntner Unterlands mit Schulen, Büros und Verwaltungssitz. In ihrem Inneren aber strömt sie eine längst vergangen geglaubte Gemütlichkeit aus. Vor allem am langgestreckten Hauptplatz mit seinen niedlichen Biedermeierhäuschen im Westen und der Dreifaltigkeitssäule, die an die Pest von 1715 erinnert.

›Wunderhöhle‹ von Griffen

Tief in die Geschichte führt die Tropfsteinhöhle von Griffen, deren Mineralien für eine Farbenpracht sorgen, die über die Grenzen Kärntens hinaus berühmt ist. Kein Wunder, daß sich unsere Vorfahren vor rund 20 000 Jahren diese Grotte als Wohnstatt aussuchten. Funde aus der Mittelsteinzeit haben hier unbeschädigt überdauert: Feuerstellen, primitives Werkzeug, aber auch Knochen von Bären, Löwen, Mammuts oder Riesenhirschen aus Kärntens vorzeitlichen Wäldern.

Wo gibt es was?

Fähnchennummer = Textnummer ❶ = Auskunft

Reichenfels ①

Der schön gelegene, ruhige Erholungsort (809 m) im Lavanttal ist vor allem bei Familien beliebt.
Aktivitäten: geheiztes Freibad; Radeln; Mountainbiking; im Winter Ski- und Langlaufgebiet Rainsberg (Sessel-/Schlepplifte).
Sehenswert ist das Bauernmuseum der Familie Sturm (saisonal geöffnet).
Veranstaltung: Straßenfest (1. Wochenende im Juli).
Umgebung: Der Höhenluftkurort *Bad St. Leonhard im Lavanttal* (721 m; 7 km südl.), mit Schwefelquelle, besitzt in seiner Pfarrkirche (14./15. Jh.) einen bedeutenden dreischiffigen Bau der Spätgotik mit 139 gotischen Glasgemälden, Kärntens umfangreichstem Bestand dieser Art.
❶ Fremdenverkehrsamt,
A-9463 Reichenfels 47.

Wolfsberg ②

Die Schul- und Einkaufsstadt, Hauptort des Lavanttals, kam erst 1759 zu Österreich; zuvor gehörte sie dem Hochstift Bamberg.
Sehenswert ist das im 19. Jh. im Tudorstil umgebaute Schloß (Ursprung 12. Jh.) oberhalb der Stadt. Bis 1759 Sitz des bambergischen Vizedoms, ist es seit 1846 Besitz der Grafen Henckel-Donnersmark (Juli/Aug. mo–fr 9–12 u. 13.30–17, sa 9–12 Uhr). Rest der einstigen Befestigung ist der gotische Reckturm am Getreidemarkt. Ein Hochaltarbild (1777) vom sogenannten Kremser-Schmidt ziert die romanisch-gotische, später mehrmals umgebaute Stadtpfarrkirche. Ein Kleinod der Spätgotik ist die Annenkapelle (1497) gegenüber. Der Region widmet sich das Lavanttaler Heimatmuseum, Tanglstr. 1 (Mai–Okt. di–fr 10–13 u. 14–16 Uhr).
Aktivitäten: Stadion-Schwimmbad; Tennis; Reiten; Motor- u. Segelfliegen; Indoor-Go-Kart-Bahn; Wandern; im Winter Skifahren, Langlauf, Snowboarding, Rodeln.
Märkte u. Veranstaltungen: Schönsonntagsmarkt (Sa/So nach Fronleichnam); Kolomonimarkt (Okt.); Stadtfest (Juni); Christine-Lavant-Lyrik-Preis (Sept.); Literaturwoche (Okt.).
❶ Fremdenverkehrsamt,
Minoritenplatz 1, A-9400 Wolfsberg.

St. Andrä im Lavanttal ③

Der weithin sichtbare Ort war von 1228 bis 1859 Sitz des Bistums Lavant.
Sehenswert ist die ehemalige Dom- und heutige Pfarrkirche zum hl. Andreas (14./ 15. Jh.; Änderungen im Barock u. 19. Jh.) mit bedeutenden Grabsteinen. Ein großer, zweitürmiger Barockbau mit breiter Fassade ist die Wallfahrtskirche Maria Loreto (1683/87) am nördlichen Ortsende mit bemerkenswerten Plastiken und Malereien (18./19. Jh.) im Inneren.
Aktivitäten: Schwimmen in der Freizeitanlage; Tennis; Angeln; Radeln (Radwanderwege, Radverleih); Kutschfahrten; Wandern; im Winter Skifahren, Langlauf, Snowboarding auf der Koralpe. Die Initiative ›St. Andräer Landurlaub‹ macht mit den Produkten der Region, wie Obst und Spargel, vertraut.
Markt u. Veranstaltungen: Bauernmarkt (fr); wichtige Mariä-Himmelfahrt-Wallfahrt (15. Aug.); Sommertheater (Sept.); Erntedankfest (Sept.).
❶ Tourismusinformation,
A-9433 St. Andrä im Lavanttal.

St. Paul im Lavanttal ④

Das kulturelle Zentrum des Lavanttales steht ganz im Zeichen seines Benediktinerstifts, das an der Stelle eines römischen Kastells und einer Burg 1091 gegründet wurde.
Sehenswert ist die Stiftskirche, eine dreischiffige romanische Pfeilerbasilika (Weihe 1264) mit gotischen Gewölben, wertvollen mittelalterlichen Fresken und barocker Ausstattung. Die berühmte Stiftsbibliothek wurde 1683 eingerichtet. Auf Kunstschätze von der Romanik bis zum Barock trifft man im Stiftsmuseum (Mai–Okt. tgl. 9–17; Führungen 10.30 u. 15 Uhr). Über den Obstbau vom 18. bis 20. Jh. informiert das Lavanttaler Obstmuseum im Hofrichterbau (1616/27) am Fuß des von einer Mauer (1627/31) umgebenen, 70 m hohen Stiftshügels (Mai–Okt. tgl. 10–12.30 u. 14–17 Uhr).
Aktivitäten: Freibad; Reiten; Radeln; Tontaubenschießen; Wandergebiet Sau- und Koralpe; im Winter Langlauf, Eislaufen, Rodeln, Eisstockschießen.
Veranstaltungen: Kultursommer mit Festmessen, Konzerten, Ausstellungen (Mai bis Sept.); Kirchtag (Juli); Erntedankfest (Sept.).
Umgebung: Im ›Mostland‹ findet man viele Buschenschenken, die traditionelle Brettljausen, naturbelassenen Apfelmost und hausgebrannten Schnaps anbieten. Grenzübergang nach Slowenien ist *Lavamünd* (9 km südl.) mit beachtlicher gotischer Pfarrkirche (15. Jh.) sowie barocker Markt- und Kalvarienbergkirche.
❶ Fremdenverkehrsamt,
A-9470 St. Paul im Lavanttal.

Bleiburg ⑤

Das Städtchen, nur 2 km von der slowenischen Grenze entfernt, wird von seinem Renaissance-Schloß (Ursprung 12. Jh.; Privatbesitz) überragt. Bleiburg war Heimat bedeutender Künstler: des Malers Werner Berg († 1981) und der Avantgardistin Kiki Kogelnik († 1997), die später in New York gelebt hatte.
Sehenswert ist der Hauptplatz mit seinen schönen alten Bürgerhäusern (16.–18. Jh.), der Pestsäule (1724) und dem modernen Freyungsbrunnen von Kiki Kogelnik. Die Werner-Berg-Galerie zeigt Zeichnungen, Ölbilder und Holzschnitte des Malers, der im Kärntner Unterland seine Seelen-Landschaft gefunden hatte (Mitte Juni–Mitte Nov. di 14–17, mi–so 10–12 u. 14–17 Uhr).
Aktivitäten: Freibad; Tennis; Luftgewehrschießstätte; Mountainbiking; Rad- und Kulturwanderwege.
Veranstaltung: Bleiburger Wiesenmarkt, größtes Volksfest im Unterland mit Trachtengruppen aus Unterkärnten und Slowenien (Ende Aug./Anfang Sept.).
❶ Gemeindeamt, A-9150 Bleiburg.

Völkermarkt ⑥

Bereits 1090 gegründet, ist die Stadtgemeinde oberhalb des gleichnamigen Stausees, über Jahrhunderte wirtschaftliches Zentrum des Kärntner Unterlandes, heute Mittelpunkt der Region Südkärnten und eine attraktive Einkaufsstadt, die pulsierendes Leben ausstrahlt.
Sehenswert ist sind die Reste der alten Stadtbefestigung mit dem mächtigen Rundturm (16. Jh.) hinter dem Neuen Rathaus mit seiner klassizistischen Fassade im Norden des Hauptplatzes. Die Mitte des einladenden, von Barock- und Biedermeierfassaden geprägten Platzes nimmt die Dreifaltigkeitssäule (1715) ein. Die im Kern romanische, später mehrfach umgebaute Stadtpfarrkirche St. Magdalena beeindruckt im Inneren mit gotischen Wandmalereien (15. Jh.). Ebenfalls im Ursprung romanisch ist die Kirche St. Ruprecht (Umbau 18./19. Jh.) nordwestlich außerhalb der Altstadt. Ihr romanischer Chorturm ist einer der bedeutendsten Österreichs.
Das Stadtmuseum, Faschinggasse 1, zeigt eine Dokumentation zum Kärntner Abwehrkampf, den Gebietsstreitigkeiten zwischen Österreich und Jugoslawien nach dem Ersten Weltkrieg (1918–1920) und eine heimatkundliche Sammlung (Mai–Okt. di–fr 10–16, sa 9–12 Uhr).
Aktivitäten: Erlebnisschwimmbad; Tennis; Reiten; Wandern; Radeln auf Drau- und Thermenradweg; im Winter Eislaufen im Stadion oder auf dem nahen Turner See.
Märkte u. Veranstaltungen: Wochen- u. Bauernmarkt auf dem Unteren Hauptplatz (mi); Stadtfest (Aug.); Theateraufführungen auf der Burgruine Haimburg (Aug.); Platzkonzerte (Juli/Aug.).
Umgebung: Am Fuß der südlichen Ausläufer der Saualpe liegt Stift *Griffen* (8 km nördl.). Das 1236 durch Bischof Ekbert von Bamberg gegründete Prämonstratenserstift wurde 1786 aufgehoben. In der ehemaligen Stiftskirche (1272), einer großen spätromanischen Pfeilerbasilika mit Barockfassade, heute Pfarrkirche, erinnern zahlreiche Grabsteine an die früheren Pröpste.
❶ Tourismusbüro, Hauptplatz 1,
A-9100 Völkermarkt.

Maßstab 1:300.000

15 km
12,5
10
7,5
5
2,5
0

Touristik-Informationen

Adressen

Deutschland: Österreich Information, Postfach 1231, 82019 Taufkirchen, Tel. 089/6667010-0, Fax 66670200.
Österreich: Kärntner Tourismus Gesellschaft, Casinoplatz 1, A-9220 Velden, Tel. 04272/52100-0, Fax 5210060.

All Inclusive

Kärnten hat für seine Gäste ein attraktives All-Inclusive-Konzept entwickelt. Mit der Kärnten-Card (265 ATS pro Person, Kinder zwischen 6 und 14 Jahren die Hälfte, bis sechs Jahre gratis) ist die Benutzung von Bussen, Bergbahnen, Eisenbahn, Seeschiffahrt, Panoramastraßen, Museen etc. fortan kostenlos. Nur einige wenige Betriebsgesellschaften (Bergbahnen) haben sich diesem Konzept nicht angeschlossen.

Anreise

Von Deutschland ist Kärnten erreichbar per Bahn: über die Tauernstrecke, die von Salzburg über Villach Richtung Ljubljana führt. Hier verkehren auch internationale Autoreisezüge. Weiter fährt die Südbahn von Wien nach Klagenfurt.
Per Flugzeug (eventuell über Wien): Klagenfurt verfügt über einen Flughafen.
Per Bus: Busfahrten werden von deutschen Veranstaltern angeboten.
Per Auto: Die Tauernautobahn führt von Salzburg durch den Katschberg nach Spittal und Villach und von dort weiter nach Italien, Slowenien oder Klagenfurt. Die Südautobahn bringt den Verkehr von Wien über Graz, Wolfsberg nach Klagenfurt und weiter zum Verteiler Villach.

Autofahren

Wenn nichts anderes vorgeschrieben ist, gilt maximal auf Landstraßen 100 km/h, auf der Autobahn 130 km/h, im Ortsgebiet 50 km/h. Anschnallen ist Pflicht. Aufgrund der Witterungsbedingungen sind im Winter zahlreiche Bergstraßen gesperrt. Seit Januar 1997 sind Österreichs Autobahnen generell mautpflichtig. Die erforderliche Vignette ist bei Grenzstationen, Tankstellen, Kiosken, der Post und den Automobilklubs ÖAMTC und ARBÖ, in Deutschland über den ADAC, erhältlich.
Darüber hinaus wird auf einigen Strecken, die über die Straßenbenutzung finanziert werden, eine gesonderte Maut erhoben, u.a. auf Tauernautobahn, Großglockner-Hochalpenstraße, Nockalmstraße, Felbertauerntunnel und einer Reihe anderer Bergstraßen. Manche dieser Bergstraßen dürfen mit Anhängern (Wohnwagen) prinzipiell nicht befahren werden, z.B. Großglockner-Hochalpenstraße, Gailbergsattel, Katschberg, Kreuzbergsattel, Plöckenpaß, Turracher Höhe, Villacher Alpe, Naßfeld, Wurzenpaß, Nockalmstraße und Malta-Hochalmstraße.
Benzin, auch bleifrei, ist flächendeckend erhältlich. In nahezu allen größeren Städten kann man Leihwagen zu den gängigen Bedingungen mieten.
Pannenhilfe landesweit: ÖAMTC, Tel. 120, und ARBÖ, Tel. 123.

Baden

Kärntens Seen sind wegen ihrer Wassertemperaturen von bis zu 29° C im Sommer sehr beliebt. Die Auswahl ist groß:

Kärntens natürliche Badelandschaft der 198 Seen wird ergänzt durch Frei- und Hallenbäder wie die Erlebnistherme von Warmbad.

Neben den bekannten Zielen wie Wörther See, Millstätter See, Ossiacher See, Faaker See oder Weißensee gibt es auch Geheimtips wie den Afritzer See, den Feldsee oder den Pressegger See.
Zudem haben alle größeren Gemeinden weitere Natur- und Freibäder sowie eine Reihe von Hallen- und Thermalbädern.

Camping

Zelt- und Campingplätze aller Kategorien gibt es in Kärnten ungefähr 120, u.a. Alpencamping in Kirchbach. Ein Verzeichnis mit Preisangaben und Angebot ist über die Kärntner Tourismus GmbH (siehe Adressen) erhältlich. Bei der Anreise ist zu beachten, daß manche Bergstrecken nicht mit Wohnwagen befahren werden können (siehe Autofahren). Wildes Zelten ist ausschließlich mit der Genehmigung des Grundbesitzers erlaubt.

Essen und Trinken

Als Kärntner Nationalspeise gelten die Kasnudeln, die mit Käse allerdings nichts zu tun haben. Vielmehr handelt es sich um Teigtaschen, die mit Topfen (Quark), Minze, Kerbel, Schnittlauch, Petersilie, Kartoffeln und Ei gefüllt werden. Die gekochten Nudeln werden mit zerlassener Butter, gebratenen Speckwürfeln oder Hack serviert. Andere bodenständige Gerichte sind das Ritschert, ein Eintopf aus Rollgerste, Bohnen, Wurzeln und Fleisch, oder die Frigga, mit Hartkäse überbackene Speckscheiben. Diese Speisen sind symptomatisch für die Kärntnerküche, handelt es sich doch meist um eine raffiniert-deftige Kombination verschiedenster Zutaten, welche aus der bäuerlichen Tradition erklärbar ist. Meist aber wird in den Gastöfen und Restaurants die gängige österreichische Speisekarte angeboten. Für den Hunger zwischendurch ist die Kärntner Brettljause richtig. Unter den Getränken sind Most und Obstbrände hervorzuheben, doch verfügt Kärnten auch über eine lange Biertradition.

Familienurlaub

In den vergangenen Jahren hat die Kärntner Tourismuswirtschaft spezielle Angebote für Familien mit Kleinkindern entwickelt. Mittlerweile gibt es im ganzen Land Konzepte, die besonders auf den kleinen Gast abgestimmt sind. Eine Informationsbroschüre über das ›Familienland‹ Kärnten ist über die Kärntner Tourismus GmbH (siehe Adressen) erhältlich.

Reisedaten Kärnten

Flug von Deutschland	Inlandsverkehr	Reisepapiere	Devisen	Mietwagen	Benzin	Hotel	Pension	Menü	Einfaches Essen	Ortszeit	Achtung
ab 780 DM (Frankfurt–Klagenfurt)	ca. 10 DM (Busfahrt Klagenfurt–Villach)	Personalausweis oder Reisepaß	1 DM = ca. 7 ATS (Schillinge)	ab 110 DM pro Tag	1 Liter Super: ca. 1,63 DM	Doppelzimmer Luxuskat. ab 250 DM, Mittelklasse ab 100 DM	Privatzimmer ab 45 DM pro Tag	3 Gänge ab 20 DM	Tellergericht ab 12 DM	MEZ	Pauschalangebot Kärnten-Card

weiter auf Seite 112

HOTELS

Sport und Wellness

★★★★★ Thermenhotel ›Das Ronacher‹
Bach 18, A-9546 Bad Kleinkirchheim,
Tel. 04240/282, Fax 04240/282-606.
171 Betten, ÜF pro Pers. 156–242 DM,
HP pro Pers. 170–256 DM.
Verwöhnhotel mit allen Einrichtungen unter einem
Dach: Thermalbadespaß, Sauna, Beauty-Farm,
Wellnesscenter mit Body & Soul-Programm,
Fitneßprogramm, Therapie sowie Tennis und Golf.
Küche mit exklusiven Gaumenfreuden oder mit
Hayscher Trennkost.

★★★★ Silence-Hotel St. Oswald
St. Oswald 66, A-9546 Bad Kleinkirchheim,
Tel. 04240/591-0, Fax 04240/591-72.
108 Betten in Zimmern, Appartements, Suiten,
HP pro Pers. 135–212 DM.
Junges Haus (1300 m) mitten in den Nockber-
gen mit Sauna, Hallen- und Dampfbad, 2 Tennis-
plätzen, geführte Wanderungen, Kindergärtnerin.

★★★★ Karnerhof - Silencehotel
Karnerhofweg 10, A-9580 Egg am Faaker See,
Tel. 04254/2188, Fax 04254/3650.
ca. 200 Betten, ÜF pro Pers. 140–257 DM,
HP pro Pers. 168–293 DM.
10 ha große Urlaubsoase direkt am See mit
Beauty- und Vitalcenter, Privatstrand, Hallen- und
Freibad, Sauna, Tennis, Golf, Fahrrädern, Kinder-
spielplatz. Restaurant mit Bioprodukten und
ausgezeichneter Küche.

★★★★ Hotel Seewirt und Wassersport-Parkhotel
Hubertusschlößl am See
Kaiser-Franz-Josef-Str. 49, A-9872 Millstatt,
Tel. 04766/2110, Fax 04677/211054.
Insgesamt 90 Betten, ÜF pro Pers. 60–80 DM,
HP pro Pers. 75–137 DM.
Parkhotel direkt am See mit Privatstrand, Surf-,
Segel- und Tauchschule, Wasserski, Parasailing,
Bootsvermietung, Kinderspielplatz, umfangreichem
Gästeprogramm. Große Seeterrasse mit Café,
Restaurant mit erstklassiger Küche.

★★★★ Dr. Schroth
A-9821 Obervellach,
Tel. 04782/2043, Fax 04782/2043-14.
64 Betten, Kurtag pro Pers. 143–165 DM,
ÜF pro Pers. 71 DM, HP pro Pers. 100 DM.
Schrothkur und Gesundheits-Check-up unter
ärztlicher Leitung, großzügiger Kosmetiksalon.

Wandern

★★★ Nationalparkhotel Schihof
Innerkrems 16, A-9862 Innerkrems,
Tel. 04736/218, Fax 04736/333.
32 Betten, ÜF pro Pers. 54–64 DM,
HP pro Pers. 68–85 DM.
Ruhiges, familiäres Wanderhotel am Rand der
Nockberge mit Dampfbad, Sauna, Tennisplatz,
geführten Wanderungen vom Chef des Hauses.

★★★ Wander-Alpengasthof Lanner
Obergail 3, A-9653 Liesing,
Tel. 04716/294, Fax 04716/2948.
25 Betten, ÜF pro Pers. 44–68 DM,
HP pro Person 55–80 DM.
Neuer, idyllischer Gasthof im Lesachtal in ruhiger,
aussichtsreicher Lage speziell für Wanderer.
Kulinarische Küche aus Naturprodukten.

Kinder und Familie

★★★★ Österreichs 1. Baby- und Kinderhotel
Bad 1, A-9852 Trebesing,
Tel. 04732/2350, Fax 04732/2350-415.
34 Appartements, pro Tag 115–255 DM, Kinder-
und Babypreise, Nov. geschlossen.
Urlaubsanlage im Maltatal mit Vollservice für Babys
und Kinder durch 4 Betreuerinnen sowie großem
Elternprogramm. Badelandschaft mit Hallenbad,
Tennis, Squash, Badminton, Gymnastik.
Gourmetküche und Abendlokal.

★★★★ Familien Feriendorf Pressegger See
A-9620 Pressegger See 7,
Tel. 04282/3232, Fax 04282/3232-11.
16 biologisch erbaute Ferienhäuser (60 m²),
HP pro Pers. 105–215 DM, Kinderermäßigung.
Feriendorf in der Karnischen Region für max.
16 Familien direkt am See mit Club, Spielplatz,
Pool, geführten Wanderungen speziell für Kinder.

Ausgewählte Hotels und Restaurants

★★★★ Ferienhotel Weißensee und Enzian
Neusach 18, A-9762 Weißensee,
Tel. 04713/2219, Fax 04713/2305.
70 Betten, ÜF pro Pers. 68–164 DM,
HP pro Pers. 97–193 DM, Appartement
pro Tag 143–314 DM, Kinderermäßigung,
Nov.–Mitte Dez. u. Mitte März–April geschlossen.
Gemütlich-familiäres Ferienhotel für Naturliebhaber
und Genießer direkt am See mit großem Badestrand, Vitalhallenbad, Dampfbad, Sauna, Tennisplatz, Kinder-Piraten-Erlebniswoche.

★★★ Familien- & Sporthotel Seewirt
Dellach 4, A-9082 Maria Wörth,
Tel. 04273/2257, Fax 04273/28052.
42 Betten, ÜF pro Pers. 71–114 DM,
HP pro Person 80–171 DM, Kinderermäßigung,
Ende Sept.–Mitte Mai geschlossen.
Ruhiges Haus direkt am Wörther See mit Kinder-
betreuung, Bootsvermietung, Wasserskischule,
eigenem Angelgewässer. Kulinarische Spezialitäten
aus hauseigener Fischerei und Landwirtschaft.

In der Stadt

★★★★ Arcotel Hotel Moser-Verdino
Domgasse 2, A-9020 Klagenfurt,
Tel. 0463/57878, Fax 0463/516765.
ca. 145 Betten, ÜF pro Pers. 96–128 DM,
HP pro Pers. 132–163 DM.
Führendes Hotel der Stadt in zentraler Lage mit
behaglichen Zimmern, modernen Seminarräumen,
stimmungsvoller Hotelbar, Café mit Backwaren
aus der hauseigenen Konditorei ›Musil‹.
HP und VP wird im Bistro ›Musil‹ eingenommen.

★★★★ Hotel Palais Porcia
Neuer Platz 13, A-9020 Klagenfurt,
Tel. 0463/511590, Fax 0463/511590-30.
ca. 70 Betten, ÜF pro Pers. 96–343 DM.
Ehemaliges Stadtpalais des Fürsten Porcia im
absoluten Stadtzentrum mit historischem
Ambiente und Stilmöbeln auf allen Zimmern,
Seminar- und Konferenzräumen sowie eigenem
Badestrand am Wörther See (10 min. entfernt).

★★★★ Romantik Hotel Post
Hauptplatz 26, A-9500 Villach,
Tel. 04242/26101-0, Fax 04242/26101-420.
ca. 135 Betten, ÜF pro Pers. 80–130 DM,
HP pro Pers. 115–165 DM.
Komfortables Haus im ehemaligen Stadtpalais
des Grafen Khevenhüller (um 1500) inmitten der
Fußgängerzone mit Ausstellungs-, Veranstaltungs-
und Seminarräumen, Sauna, Tiefgarage.
Postcafé, Romantik-Gastgarten mit Piano,
ausgezeichnetes Restaurant ›Postillon‹.

ÜF = Übernachtung mit Frühstück
HP = Halbpension
VP = Vollpension

RESTAURANTS

Kärntner Spezialitäten

Gasthof Liegl
St. Peter bei Tagenbrunn, A-9313 St. Georgen
am Längsee, Tel. 04213/2124, 1. Preiskategorie,
Okt.–April mo und di geschlossen.
In gediegener Atmosphäre wird ›beste Kärntner
Bodenständigkeit‹ geboten, legendär sind die
Schwammerl- und Wildgerichte (saisonal).

Restaurant Pukelsheim
Erlgasse 11, A-9300 St. Veit an der Glan,
Tel. 04212/2473, 1. Preiskategorie,
so und mo geschlossen.
Gemütliche Weinstube, in der zur exzellenten
Küche – Spezialität sind Kas- und Kletzennudeln
oder Topfenreingalan – die jeweils passenden
Spitzenweine gereicht werden.

Schloßwirt
A-9570 Ossiach 5, Tel. 04243/8747,
Fax 04243/8747-4, 2. Preiskategorie,

Nov.–April geschlossen. Die Sonnenterrasse des
›Schloßwirts‹ direkt neben dem ehemaligen
Benediktinerkloster ist einer der schönsten Orte
am Ossiacher See. Gutbürgerliche Speisekarte,
Vollwertkost, weithin gerühmte Mehlspeisen.

G'schmackige Hausmannskost

Bachler
Silberegger Str. 1 A-9330 Althofen,
Tel./Fax 04262/3835, 1. Preiskategorie,
Mitte–Ende Aug. geschlossen.
Das 1920 im ›ländlichen Jugendstil‹ erbaute
Anwesen (11 km südl. von Friesach) ist ein
echter Land- und Einkehrgasthof mit boden-
ständiger Küche für die ganze Familie.

Brauereikeller Hirt
A-9322 Hirt, km 268 an der B 83,
Tel. 04268/2524, 3. Preiskategorie.
Der historische Brauereigasthof (6 km südl. von
Friesach) mit Renaissance-Laubengang und antik-
römischem Grabrelief ›Eroas als Trauergenius‹
bietet zum zünftigem Bier Hausmannskost.

Koglers Vorspann
A-9500 Zauchen 16, Tel. 04252/2062,
1. Preiskategorie, so ab 14 Uhr, mo geschlossen.
In der alten Vorspannstation bei Villach ist man
einfach gut, ob deftige Hausmannskost,
Speisen mit mediterranem Touch oder selbst-
fabriziertes Eis.

Zur Post
Hauptstr. 58, A-9873 Döbriach, Tel. 04246/7713,
2. Preiskategorie, Mitte Jan.–1. Mai und
Nov.–25. Dez. geschlossen.
In der alten Poststation (1908) unweit nordöstlich
vom Millstätter See mit schönem Gewölbekeller
und offenem Kamin kann man bei Hauswurst, Sulz
und Leberwurst zur zünftigen Jause einkehren
oder ausgiebig tafeln. Beliebt sind die Wildwochen.

Jausenstationen

Schrottbauer
Migoriach 4, A-9073 Viktring, Tel. 0463/281147,
3. Preiskategorie, außerhalb der Saison
so und fei geschlossen.
Herrlicher Naturgarten mit Karawankenblick,
Brettljause vom Hausspeck bis zum Schweine-
braten aus hauseigener Landwirtschaft.

Lipsch
Seebach 3, A-9125 Kühnsdorf,
Tel. 04232/8630, 3. Preiskategorie.
Die Jausenstation in einem der ältesten Häuser
der Region (4 km südl. von Völkermarkt) ist bei
den Einheimischen sehr beliebt und bietet
mittags schmackhafte warme Tagesgerichte.

Stadtrestaurants

À la carte
Khevenhüllerstr. 2, A-9020 Klagenfurt,
Tel. 0463/516651. 3-Gänge-Menü mittags
ab 35 DM, abends ab 65 DM, so, fei, mo,
Karwoche, Mitte Juli–Mitte Aug. geschlossen.
Der ›Koch des Jahres 1992‹ Harald Fritzer bietet
in kleinem Rahmen exquisite regionale und inter-
nationale Küche, Reservierung nötig.

Pumpe
Lidmanskygasse 2, A-9020 Klagenfurt,
Tel. 0463/57196. 2. Preiskategorie,
sa ab 13.30 Uhr, so und fei geschlossen.
Gutbürgerliches Gasthaus im Stadtzentrum mit
Bierspezialitäten und schattigem Biergarten.

Einsiedler
Kinkstr. 2, A-9020 Klagenfurt,
Tel. 0463/55463. 2. Preiskategorie, außerhalb
der Saison di und mi geschlossen.
Unter alten Gewölben wird bodenständige Küche
mit Spezialitäten wie Kuttelfleck, Beuscherl,
Gailtaler Kirchtagssuppe, Kasnudeln oder einem
saftigen Filet vom Kärntner Almochsen serviert.

Krapfenbacher
Peraustr. 39, A-9500 Villach, Tel. 04242/24817,
2. Preiskategorie, so abends geschlossen.
Ländliches Gasthaus mitten in der Stadt mit
großem Gastgarten und einer auf typisch
Kärntner Gerichte spezialisierten Küche.

1. Preiskategorie: nicht über ca. 43 DM
2. Preiskategorie: nicht über ca. 29 DM
3. Preiskategorie: nicht über ca. 14 DM
Stand: Juni 1997

Touristik-Informationen

Feiertage

1. Januar, 6. Januar, 1. Mai, 15. August, 26. Oktober, 1. November, 8., 25. und 26. Dezember. Dazu kommen die beweglichen Festtage Ostermontag, Christi Himmelfahrt, Pfingstmontag, Fronleichnam.

Gesundheit

Die medizinische Versorgung in Praxen und Krankenhäusern sowie für Erste Hilfe ist grundsätzlich gewährleistet. Es ist ratsam, den Auslandskrankenschein nicht zu vergessen. Notdienste: Unfallrettung Tel. 144, Polizei Tel. 133, Feuerwehr Tel. 122.

Haustiere

Für eine Einreise nach Österreich benötigen Hunde und Katzen ein ärztliches Tollwutimpfzeugnis, das nicht älter als 30 Tage sein darf.

Jugendherbergen

Jugendherbergen gibt es in Feldkirchen, Heiligenblut, Klagenfurt, Rennweg, Spittal, Spittal/Goldeck und Villach. Für die Übernachtung benötigt man den Internationalen Jugendherbergsausweis.

Naturschutz

Fast alle Pflanzen, die in der Bergwelt zu finden sind, stehen unter Naturschutz, gehütet von der Bergwacht. Für Vergehen drohen Strafen bis zu 30 000 ATS oder sechs Wochen Arrest.

Öffnungszeiten

Durch die Reform der Ladenschlußzeiten haben in Österreich die Geschäfte die Möglichkeit, länger offenzuhalten. Dies wird meist von den Filialen der großen Lebensmittelketten wahrgenommen, wo man wochentags bis 19.30, samstags bis 17 Uhr einkaufen kann. In der Regel sind die Geschäfte in Österreich mo–fr 9–18, sa 9–12 Uhr geöffnet, in kleineren Gemeinden mit Mittagspause 12–14/15 Uhr, Lebensmittelläden oft vor 8–18.30 Uhr, Postämter mo–fr 8–12 u. 14–18 Uhr, Banken mo–fr 8–12.30 u. 13.30–15, do bis 17.30 Uhr. Sonntags kann man sich in den Bahnhöfen und größeren Tankstellen mit Lebensmitteln versorgen.

Souvenirs

Qualitativ hochwertige Mitbringsel sind im Kärntner Heimatwerk mit Geschäften in Klagenfurt, Villach und Spittal erhältlich. Neben Trachtenbekleidung, entsprechenden Stoffen, Spitzen und Borten wird hier auch regionales Kunsthandwerk, Hinterglasmalereien, geschliffenes Glas und vie-

Eine gute Adresse für Trachten und Kunsthandwerk ist das Kärntner Heimatwerk. In Klagenfurt findet man es in der Herrengasse.

les mehr angeboten. Souvenirs aller Arten und Geschmacksrichtungen, meist mit älplerischem Touch, findet man in zahlreichen Shops. Beliebte Mitbringsel sind auch Kärntner Speck und Obstler.

Sport

Kärnten ist ein wahres Sportparadies. Im Winter locken zahlreiche Skigebiete, die neben Alpinski und Langlauf auch für die neuesten Pistentrends gewappnet sind. Die Seen wandeln sich zu natürlichen Eislaufplätzen, darunter der Weißensee in Mitteleuopas größte geschlossene Eisfläche. Im Sommer kann man auf Seen und Flüssen Wassersport in jeder Variante betreiben, Reiten, Golfen, Wandern, Klettern sowie Rafting, Paragliding und vieles mehr ausprobieren. Detaillierte Informationen geben die Spezialprospekte der Kärntner Tourismus GmbH (siehe Adressen).
Rad- und Mountainbikefahrer können in den meisten Fremdenverkehrsorten sowie an den größeren Bahnhöfen Räder ausleihen. 550 km zählt das Rad- und Mountainbikewegenetz der Region Nockberge/Bad Kleinkirchheim, 250 km der Drauradweg, 90 km der Karnische Radweg.
Dank der ausgezeichneten Wasserqualität, sind Kärntens Gewässer fast alle sehr fischreich und bei Anglern äußerst beliebt, vor allem das obere Gail- und Mölltal sowie der Weißensee. Erforderlich ist eine Fischerkarte der Bezirksverwaltung sowie eine Erlaubnis des Fischwasserinhabers.

Telefon

Österreichs Telefonnetz hat die internationale Vorwahl 0043. Die Null der österreichischen Ortsnetzzahlen entfällt. Von Österreich nach Deutschland wählt man die Vorwahl 0049. Von allen öffentlichen Münz- oder Kartenfernsprechern kann ins Ausland telefoniert werde. Telefonwertkarten (50 oder 100 ATS) sind bei der Post und in Tabakläden erhältlich. Für Ortsgespräche reicht eine 1-ATS-Münze, für Ferngespräche nimmt man 10-ATS-Münzen.

Veranstaltungen

Die größeren Städten wie Klagenfurt oder Villach bieten das ganze Jahr über Kulturevents wie Theater oder Konzerte an. Höhepunkte sind: in Klagenfurt der Ingeborg-Bachmann-Preis (Juni), die Sommerszene (Juli/Aug.), der Joseph-Roth-Publizistik-Preis (Okt.); im nahen Viktring das Musikforum (Juli/Aug.); in Villach Fasching (Feb.) und Kirchtag (Aug.); in Ossiach der Carinthische Sommer; in Faak die meist hochkarätig besetzten Aufführungen auf der Burgruine Finkenstein (Juli/Aug.); in Spittal die Komödienspiele (Juli/Aug.); in Millstatt der Musikalische Frühling (Mai bis Juli), die Int. Musikwochen (Juli/Aug.), der Musikalische Herbst (Sept./Okt.).
Wichtige Brauchtumsveranstaltungen sind: Kirchleintragen in Bad Eisenkappel (1. Feb.), Striezelwerfen in Stein (5. Feb.), Vierbergelauf (Dreinagelfreitag) vom Magdalensberg, Kranzlreiten in Weitensfeld (Pfingstsonntag), Kufenstechen in Feistritz an der Gail (Pfingstmontag), Reiftanz in Hüttenberg (ca. alle drei Jahre So nach Pfingsten), Klagenfurter Messe (Aug.), Michaeli-Wiesenmarkt in St. Veit (29. Sept.).

Wetterdaten

Den Landschaften – Seen, Becken, Hochgebirge – entsprechend vielfältig ist das Klima. Die Randgebirge wirken als Wetterscheide, vor allem im Sommer, wenn das Schlechtwetter vom Norden daran hängenbleibt. Daher sind die Sommer in der Regel sehr sonnig, die Winter hingegen meist ziemlich kalt und schneereich.

Klagenfurt	Tagestemp. max.	Nachttemp. min.	Wassertemp.	Tage mit Niederschlag	Sonnenstunden pro Tag
Januar	−1°	−8°	2°	6	3
Februar	3°	−7°	1°	6	4
März	9°	−2°	4°	7	5
April	15°	3°	8°	8	6
Mai	19°	8°	14°	10	7
Juni	23°	12°	19°	11	7
Juli	25°	14°	22°	10	8
August	24°	13°	22°	9	8
September	20°	10°	20°	7	6
Oktober	13°	5°	15°	6	4
November	6°	0°	10°	7	2
Dezember	0°	−4°	5°	6	2

Quelle: Deutscher Wetterdienst, Seewetteramt Hamburg

Register

(**Fettgedruckte** Ziffern verweisen auf Autoatlas und Stadtplan, <u>unterstrichene</u> Ziffern auf Abbildungen)

Afritzer See <u>64</u>
Apriach 29 (Großglockner; Heiligenblut)
Asten 29 (Großkirchheim)
Bad Bleiberg 18, <u>66</u>, 67
Bad Eisenkappel 18, <u>98</u>, **100**, 101
Bad Kleinkirchheim <u>10/11</u>, <u>50</u>, <u>51</u>, 51, 53, **56**, 57
Bad St. Leonhard/Lavanttal 109 (Reichenfels)
Baldramsdorf 57 (Spittal)
Berg/Drautal <u>40</u>, **42**, 43
Birnbaum 39, 43 (Lesachtal)
Bleiburg 15, <u>106</u>, **108**, 109
Bruck 23
Dellach/Drautal **42**, 43
Döllach 23, 27
Drobollach 65
Ebene Reichenau **56**, 57
Eberndorf <u>97</u>, **100**, 101
Eberstein <u>96</u>, **100**, 101
Egg/Faaker See <u>1</u>, <u>64</u>, 65
Faak am See 67 (Faaker See)
Faaker See 65, **66**, 67
Falkenstein, Burg <u>27</u>, 29 (Obervellach)
Feistritz/Gail 18, 41, **42**, 43
Feistritz/Rosental **100**, 101
Feld am See **66**, 67
Feldkirchen **66**, 67
Ferlach 97, <u>98</u>, **100**, 101
Finkenstein, Burg 19, <u>58/59</u>, 65
Flattach <u>24</u>, **28**, 29
Friesach 19, <u>75</u>, 75, **78**, 79
Gerlamoos <u>40</u>, 43 (Greifenburg)
Gerlitzen <u>65</u>, 67 (Villach)
Gillitzstein 101 (Eberstein)
Glanegg 67 (Feldkirchen)
Globasnitz 101 (Eberndorf)
Glödnitz
Gmünd <u>46</u>, 47, **56**, 57
Gnoppnitz 43 (Greifenburg)
Görisch 29 (Lurnfeld)
Grafendorf 43 (Kirchbach)
Greifenburg **42**, 43
Griffen <u>106</u>, 107, 109 (Völkermarkt)
Großglockner 18, <u>20</u>, 21, <u>22</u>, <u>23</u>, 23, <u>25</u>, **28**, 29
Großkirchheim **28**, 29
Gurk 19, 75, <u>76</u>, 77, **78**, 79
Heft 97
Heiligenblut <u>20</u>, <u>21</u>, 21, <u>22</u>, **28**, 29 (Winklern)
Hemmaberg 101 (Eberndorf)
Hermagor 41, **42**, 43
Himmelberg 67 (Feldkirchen)
Hochfeistritz 101 (Eberstein)
Hochosterwitz <u>90</u>, <u>91</u>, 91, **92**, 93
Hohe Tauern 18, <u>21</u>, 23, 27, 29 (Großglockner), <u>50</u>
Hüttenberg 97, **100**, 101
Innerkrems 51, **56**, 57
Karawanken <u>1</u>, 18, 65, 67, 101
Karlbad <u>49</u>, **49**, 51
Karnburg 93 (Maria Rain)
Karnische Alpen <u>5</u>, <u>8/9</u>, 18, <u>32</u>, <u>33</u>, 33, 35
Katschberg <u>50</u>, 57 (Innerkrems)
Kattowitzer Hütte <u>18</u>
Kirchbach **42**, 43

Kirschentheuer 101 (Ferlach)
Klagenfurt 13, <u>14/15</u>, 18, 19, 61, <u>80/81</u>, <u>82</u>, <u>83</u>, 83, <u>84</u>, <u>85</u>, 85, <u>86</u>, <u>87</u>, 87, <u>89</u>, 89, **92**, 93, 105, **112**
 Alter Platz <u>80/81</u>, <u>83</u>, 83, 85, **92**, 93
 Bergbaumuseum 93
 Diözesanmuseum **92**, 93
 Dom St. Peter und Paul <u>85</u>, 85, **92**, 93
 Europapark 93
 Heiliggeistkirche **92**, 93
 Heuplatz **92**, 93
 Kärntner Landesgalerie 13, **92**, 93
 Koschatmuseum **92**, 93
 Kreuzbergl 93
 Künstlerhaus **92**, 93
 Landesmuseum für Kärnten **92**, 93
 Landhaus <u>84</u>, 85, **92**, 93
 Landwirtschaftsmuseum Schloß Ehrental 93
 Lendkanal <u>82</u>, 83
 Maria Loretto 93
 Marienkirche 85, **92**, 93
 Minimundus <u>89</u>, 89, 93
 Neuer Platz <u>86</u>, <u>87</u>, 87, **92**, 93
 Ossiacher Hof **92**, 93
 Robert-Musil-Museum <u>86</u>, 87, **92**, 93
 St. Egyd 85, <u>86</u>, 87, **92**, 93
 Stadtgalerie **92**, 93
 Stadttheater 89, **92**, 93
Klein St. Paul 101 (Eberstein)
Klopeiner See <u>94/95</u>, <u>97</u>, 101
Knappenberg 101 (Hüttenberg)
Kolbnitz <u>26</u>, **28**, 29
Kölnbreinsperre <u>48</u>, 49, 57 (Malta)
Koschach 49
Kötschach-Mauthen 33, <u>39</u>, **42**, 43
Krumpendorf 71, <u>73</u>, **78**, 79
Lainach 29 (Winklern)
Landskron, Burg 65, 67 (Villach)
Lavamünd 41, 105, 109 (St. Paul)
Lendorf 55, 57 (Spittal)
Liesing 43 (Lesachtal)
Lurnfeld **28**, 29
Magdalensberg 18, <u>88</u>, <u>89</u>, 89, 91, **92**, 93
Mallnitz **28**, 29
Malta **56**, 57
Maria Elend 101 (Feistritz)
Maria Gail 13, <u>62</u>, 67 (Villach)
Maria Luggau 15, <u>30/31</u>, <u>34</u>, 43 (Lesachtal) <u>36</u>, <u>37</u>, 37
Maria Rain <u>91</u>, **92**, 93
Maria Saal <u>88</u>, 89, <u>91</u>, **92**, 93
Maria Wörth <u>70</u>, 71
Metnitz **78**, 79
Millstatt <u>44/45</u>, <u>52</u>, <u>53</u>, 53, **56**, 57
Millstätter See <u>44/45</u>, <u>52</u>, <u>53</u>, 53, **56**, 57
Möllbrücke 25, 29 (Lurnfeld)
Mölltal <u>6/7</u>, 18, <u>24</u>, 25, 27, 29
Molzbichl 57 (Spittal)
Moosburg **78**, 79
Müllern 67 (Faaker See)
Nockberge <u>18</u>, 51, 57 (Innerkrems; Bad Kleinkirchheim)
Oberdrauburg 41, **42**, 43
Obervellach 19, <u>26</u>, 27, **28**, 29
Ossiach 19, <u>64</u>, <u>65</u>, 65, **66**, 67
Ossiacher See 19, <u>65</u>, 65, 67 (Ossiach)

Pattendorf 29 (Lurnfeld)
Pirkach 43 (Oberdrauburg)
Plöckenpaß 43 (Kötschach-Mauthen)
Pörtschach <u>70</u>, <u>71</u>, 71, **78**, 79
Pressegger See 41, 43
Pusarnitz 29 (Lurnfeld)
Radentheim 57 (Bad Kleinkirchheim)
Reichenfels **108**, 109
Reisach <u>36</u>, 43 (Kirchbach)
Rennweg 57 (Innerkrems)
Rosegg 79 (Velden)
Saureggen <u>49</u>, 57 (Ebene Reichenau)
Schiefling 79 (Velden)
Seeboden 57 (Millstatt)
Sonnenalpe Naßfeld 33, **42**, 43
Spittal/Drau 19, <u>54</u>, 55, **56**, 57
St. Andrä/Lavanttal <u>102/103</u>, <u>104</u>, **108**, 109
St. Georgen/Längsee 19, **78**, 79
St. Jakob <u>34</u>
St. Johann 101 (Feistritz)
St. Kanzian/Klopeiner See <u>97</u>, **100**, 101
St. Lorenzen 57 (Ebene Reichenau)
St. Lorenzen 43 (Lesachtal)
St. Margareten/Rosental <u>98</u>, **100**, 101
St. Oswald 53, 57 (Bad Kleinkirchheim)
St. Paul/Lavanttal 19, <u>104</u>, <u>105</u>, 105, 107, **108**, 109
St. Stefan/Gail 43 (Feistritz)
St. Urban/Urbansee **66**, 67
St. Veit/Glan 18, <u>68/69</u>, 73, <u>74</u>, 75, **78**, 79, 83
Stallhofen 29 (Obervellach)
Stein 18, <u>96</u>, 101 (St. Kanzian)
Steinfeld 43 (Greifenburg)
Steuerberg 67 (Feldkirchen)
Straßburg <u>77</u>, **78**, 79
Suetschach 101 (Feistritz)
Teurnia <u>55</u>, 55, 57 (Spittal)
Thörl-Maglern <u>37</u>, 43 (Feistritz)
Trebesing <u>47</u>, 57 (Gmünd)
Turner See 101, 109
Unterloibl <u>99</u>, 101 (Ferlach)
Velden/Wörther See 71, <u>72</u>, <u>73</u>, **78**, 79
Viktring <u>90</u>, **92**, 93
Villach 15, 18, <u>19</u>, 19, <u>60</u>, **61**, 61, <u>62</u>, 63, 65, **66**, 67, 83
Völkermarkt 19, 107, **108**, 109
Waldegg **39**
Warmbad 63, 67 (Villach), <u>110</u>
Weißbriach/Gitschtal 43 (Weißensee)
Weißensee <u>38</u>, <u>39</u>, 39, **42**, 43
Weitensfeld <u>3</u>, 18, <u>76</u>, 77, 79 (Gurk)
Winklern **28**, 29
Wolayer See <u>5</u>, <u>8/9</u>, <u>32</u>, <u>33</u>, 33, 35, 43 (Lesachtal)
Wolfsberg 19, 105, <u>106</u>, <u>107</u>, **108**, 109
Wörther See <u>70</u>, <u>71</u>, 71, <u>72</u>, <u>73</u>, 73, 79, 83, 93
Zedlitzdorf 67 (Feldkirchen)
Zell Pfarre - Sele Fara <u>99</u>, 99, **100**, 101
Zosen 97
Zwickenberg 43 (Oberdrauburg)

Zeichenerklärung Karten

Autoatlas

Autobahn mit Anschlußstelle
Autobahn in Bau - geplant
Tankstelle - Rasthaus -, mit Motel
Vierspurige Straße - in Bau
National- oder Staatsstraße - in Bau
Wichtige Hauptstraße - in Bau
Hauptstraße - Nebenstraße
Fahrweg (nur bedingt befahrbar) - Fußweg
Autobahnnummer
Europastraßennummer
Straßennumerierung
Für Wohnwagen nicht empfehlenswert, - verboten
Wintersperre (von - bis) - Steigung
Maut - Gebührenpflichtige Straße - Für Kfz gesperrt
Kilometrierung an Autobahnen
Kilometrierung an übrigen Straßen
Hauptbahn mit Bahnhof - Nebenbahn
Eisenbahn (nur Güterverkehr)
Seilbahn - Sessellift - Skilift
Flughafen - Flugplatz - Segelflugplatz
Besonders sehenswerter Ort
Sehenswerter Ort
Besonders sehenswertes Bauwerk
Sehenswertes Bauwerk
Besondere Natursehenswürdigkeit
Sonstige Sehenswürdigkeit
Landschaftlich schöne Strecke
Touristenstraße
Naturpark, Naturschutzgebiet
Aussichtspunkt
Burg, Schloß - Ruine - Denkmal
Kloster - Ruine - Kirche - Kapelle
Alleinstehend. Hotel o. Gasthaus - Motel
Jugendherberge - Berghütte
Campingpl. ganzjährig -, nur im Sommer
Strandbad - Schwimmbad - Heilbad
Staatsgrenze m. Grenzübergang - Ländergrenze
Wald - Gletscher

Stadtplan

Durchgangsstraße - Hauptstraße
Sonstige Straßen
Einbahnstraße - Fußgängerzone
Parkplatz - Information
Post - Polizei - Krankenhaus
Sehenswerte Kirche - Kirche
Bebauung - öffentliches Gebäude
Park - Wald

Impressum

Verlag: HB Verlags- und Vertriebs-Gesellschaft mbH, Alsterufer 4, 20354 Hamburg, Postfach 300660, 20347 Hamburg, Telefon 040/4151-04, Telefax 040/4151-3231. **Geschäftsführer:** Kurt Bortz, Jonny Bülow, Dr. Joachim Dreyer
© HB Verlags- und Vertriebs-Gesellschaft mbH, 1997, für den gesamten Inhalt, soweit nicht anders angegeben
Redaktion und Produktion: Harksheider Verlagsgesellschaft mbH, Faberweg 1, 22848 Norderstedt, Postfach 5249, 22822 Norderstedt, Telefon 040/528862-0, Telefax 040/5234056
Redaktion: Ulrike Klugmann (verantwortlich), Helga Schnehagen M.A. **Text und Bildrecherche:** Dr. Edgar Schütz, Wien **Exklusiv-Fotografie:** Joachim Holz, Mönchengladbach **Layout:** Rolf Bünermann, Gütersloh
Kartografie: © RV Reise- und Verkehrsverlag, München und Stuttgart © Kartografie: GeoData Geographische Datenbanken, Stuttgart
HB-Bildatlas Fotoservice: Harksheider Verlagsgesellschaft mbH, Postfach 5249, 22822 Norderstedt, Telefon 040/528862-22, Telefax 040/5234056

Für die Richtigkeit der in diesem HB-Bildatlas angegebenen Daten – Adressen, Öffnungszeiten, Telefonnummern usw. – kann der Verlag keine Garantie übernehmen.
Nachdruck, auch auszugsweise, nur mit vorheriger Genehmigung des Verlages. Erscheinungsweise: monatlich

Anzeigenalleinverkauf: KV Kommunalverlag GmbH, Postfach 810565, 81905 München, Telefon 089/928096-24, Telefax 089/928096-20
Vertrieb Zeitschriftenhandel: Partner Pressevertrieb GmbH, Postfach 810420, 70521 Stuttgart, Telefon 0711/7252-210, Telefax 0711/7252-375
Vertrieb Abonnement und Einzelhefte: Zenit Pressevertrieb GmbH, Postfach 100640, 70503 Stuttgart, Telefon 0711/7252-198, Telefax 0711/7252-333
Vertrieb Buchhandel: Mairs Geographischer Verlag, Marco-Polo-Zentrum, D-73760 Ostfildern, Telefon 0711/4502-0, Telefax 0711/4502-340
Reproduktionen: Otterbach Repro GmbH & Co., Rastatt **Druck und buchbinderische Verarbeitung:** SOV Graphische Betriebe, Bamberg. Printed in Germany

ISBN 3-616-06270-5

Erzgebirge

Silber-, Spielzeug-, Weihnachtsland: Ferien im Süden Sachsens

Foto: Parade zum ›Bergstreittag‹ in Schneeberg.

▬ Der sächsische Süden ist kein spektakuläres Land. Wie Flußperlmuschel, Kristall und Topas wollen Erzgebirge und das westlich anschließende Vogtland langsam erobert werden. Zu entdecken ist ein Naturpark, in dem Wasseramseln, Gebirgsstelzen und Eisvögel leben, wo Heckenlandschaften mit Steinrücken und Hochmoore in den Kammlagen Wanderer überraschen, wo Orchideenfelder im Sommer ganze Kalkabbaugebiete verstecken.

▬ Quer durch das Land führt die Silberstraße, und an ihrem Rand liegt, was Menschen und Landschaft geprägt hat: eine Unzahl von Bergwerken, in denen seit dem Mittelalter Silber, Zinn, Kobalt und schließlich Uran abgebaut wurden. Den gewaltigen Vorkommen verdankt das Land seinen Namen und seine Sehenswürdigkeiten. Unzählige Gruben, Bergbaulehrpfade und technische Museen sind zu besichtigen, und der Reichtum der Silberzeit präsentiert sich, allmählich restauriert, in den Architekturdenkmälern der Städte. Als die Funde erschöpft waren, kehrten die Bergleute Tugenden hervor, die Urlauber heute schätzen: Aus dem Holz der Wälder wurde Kinderspielzeug geschnitzt. Nußknacker, Weihnachtspyramiden und Räuchermännchen sind die hölzernen Nachfolger der Bergbauzeit, die mancherorts auch bis zur Wiedervereinigung reichte.

▬ Wer diesen stillen Landstrich offenen Auges bereist, wird viele echte Entdeckungen machen. In Bild und Wort, mit vielen Tips und 7 Autokarten versehen, lädt der HB-Bildatlas Nr. 171 dazu ein.

Lieferbare Ausgaben

27 Venedig und Venetien
32 Kopenhagen
38 Bornholm
39 Tirol · Innsbruck
40 Flandern · Antwerpen · Brügge · Gent
41 Trier
45 Jütland
46 Hohenloher Land
47 Vorarlberg
51 Osnabrücker Land
53 Tessin
54 Wien
57 Emilia-Romagna · Vom Apennin zur Adriaküste
59 Provence
61 Teneriffa · Gran Canaria · La Palma · Gomera · Hierro · Fuerteventura · Lanzarote
62 Luxemburg
63 Hessisches Bergland
64 Fichtelgebirge · Frankenwald · Coburger Land
65 Frankfurt
66 Steiermark · Graz
67 Côte d'Azur · Monaco
68 Dänische Inseln · Seeland · Fünen · Lolland · Langeland · Falster
70 Bodensee · Oberschwaben
71 Stuttgart und das Neckarland
72 Zentral- und Ostschweiz · Zürich · Luzern · St. Gallen
73 Hannover · Braunschweiger Land
74 Italienische Riviera · Genua
75 Altmühltal
76 Chiemgau · Berchtesgadener Land
77 Emsland · Grafschaft Bentheim
78 Sachsen
79 London
81 Kreta
82 Teutoburger Wald · Ostwestfalen
83 Costa del Sol · Andalusien
84 Oberbayern zwischen Lech und Inn
85 Korsika
86 Bayerischer Wald
88 Schwäbische Alb
89 Südtirol
90 Hunsrück · Naheland · Rheinhessen
91 Paris
92 Sizilien
93 Allgäu
94 Thüringen
95 Oberpfalz · Regensburg
96 Barcelona
97 Ostfriesland · Oldenburger Land
98 Westerwald · Taunus · Rheingau
99 Mecklenburg-Vorpommern
100 Salzburger Land · Salzburg
101 Lüneburger Heide
102 Die Loire
103 Köln
104 Rhodos · Dodekanes
105 Rom
106 Südnorwegen · Fjordland
107 Berlin
108 Bayerisch Schwaben · Augsburg · Nördlingen
109 Costa Brava · Katalonien
110 Sauerland
111 Brandenburg
112 Die Pfalz
113 Elsaß
114 Sachsen-Anhalt
115 Graubünden
116 Düsseldorf
117 Mallorca · Menorca · Ibiza · Formentera
118 Südschweden · Stockholm
119 Münsterland · Münster
120 Prag
121 Eifel · Aachen
122 Bretagne
123 Weserbergland
124 Südengland
125 Fränkische Schweiz
126 Gardasee · Trentino
127 Rhön
128 Malta
129 Harz
130 Algarve · Lissabon
131 Hamburg
131 Hamburg, English Edition
132 Normandie
133 Elbe und Weser · Nordseeküste
134 Madrid
135 Die Mosel
136 Sardinien
137 Mainfranken · Steigerwald · Haßberge
138 Budapest
139 Südschwarzwald
140 Griechische Inseln · Kykladen
141 Thüringer Wald
142 Oberitalienische Seen · Lombardei · Mailand
143 Odenwald · Kraichgau · Bergstraße
144 Schottland
145 Dresden · Sächsische Schweiz
146 Holland · Inseln · Küste · Amsterdam
147 Spessart
148 Danzig · Ostsee · Masuren
149 Rhein und Ruhr
150 Costa Blanca · Valencia · Alicante
151 Mittelfranken · Ansbach · Rothenburg · Nürnberg
152 St. Petersburg
153 Nördlicher Schwarzwald
154 Basel · Bern · Aargau · Solothurn
155 Ostbayern zwischen Donau und Inn
156 Golf von Neapel · Kampanien
157 Ostseeküste Schleswig-Holstein
158 Irland
159 Nordseeküste Schleswig-Holstein
160 Französische Atlantikküste
161 Saarland
162 Burgenland
163 Weimar · Erfurt · Nördliches Thüringen
164 Böhmen
165 München
166 Zypern
167 Toskana · Florenz
168 Ostseeküste Mecklenburg-Vorpommern
169 Südfinnland · Helsinki
170 Kärnten

Überall im Buchhandel / Bahnhofsbuchhandel erhältlich oder zu bestellen unter Telefon 0711/7252-198, Fax 0711/7252-333

In Vorbereitung

171 Erzgebirge · Vogtland · Chemnitz
172 Tessin
173 Teutoburger Wald · Ostwestfalen

WILDPARK & SCHLOSS ROSEGG

FIGURENCABINETT MADAME LUCREZIA

nur 5 Autominuten von Velden am Wörthersee

Kärntens größter und artenreichster Park
Weiße Wölfe, Bisons, Affen und vieles mehr
Streichelzoo und großer Kinderspielplatz
Buffet mit Sitzgarten
Geöffnet täglich von April bis November

Lebensechte Figuren
Eine ansprechende Art Geschichte zu erleben
Romantisches Sommerschloß
Gartencafé
**Geöffnet täglich
von Mitte Mai bis Mitte Oktober**

Nur 5 Autominuten von Velden am Wörthersee entfernt, ist der WILDPARK ROSEGG seit über 25 Jahren ein Allwetter-Besuchermagnet für alle Gäste rund um den Wörthersee, Faaker See und Ossiacher See. Alljährlich kommen an die 80.000 Besucher in diesen größten Wildpark Kärntens, der sich auf äußerst geschichtsträchtigem Areal – mit der Burgruine von Rosegg und der vom Geldfälscher Ritter von Bohr 1830 angefertigten Wildparkmauer – befindet.

Als besondere Neuheit können die Rosegg-Besucher ab Frühjahr 1997 auch erstmals das 1772 erbaute SCHLOSS ROSEGG besichtigen. Wildpark und Schloss sind durch eine angenehme Kastanienallee miteinander verbunden. Im Schloss wird dieses Jahr erstmals das historische Figurencabinet Madame Lucrezia zu sehen sein. Szenen aus dem Leben der Schlossbesitzer, mit faszinierenden, lebensechten Figuren. Erlebbar gemachte Geschichte in einem romantischen Kärntner Sommerschloß, das im Stil den Flair norditalienischer Villen atmet. Der Erbauer des Schlosses, Graf Franz Orsini – Rosenberg, erbaute es für seine italienische Geliebte Lucrezia. Zu sehen sind 1997 hauptsächlich historische Szenen. Das Figurencabinett wird laufend ergänzt und erweitert.

Info Tel. 0 42 74 / 5 23 57, A-9232 Rosegg 1, Kärnten, Austria

* VW# oder http:// www.vw-online.de

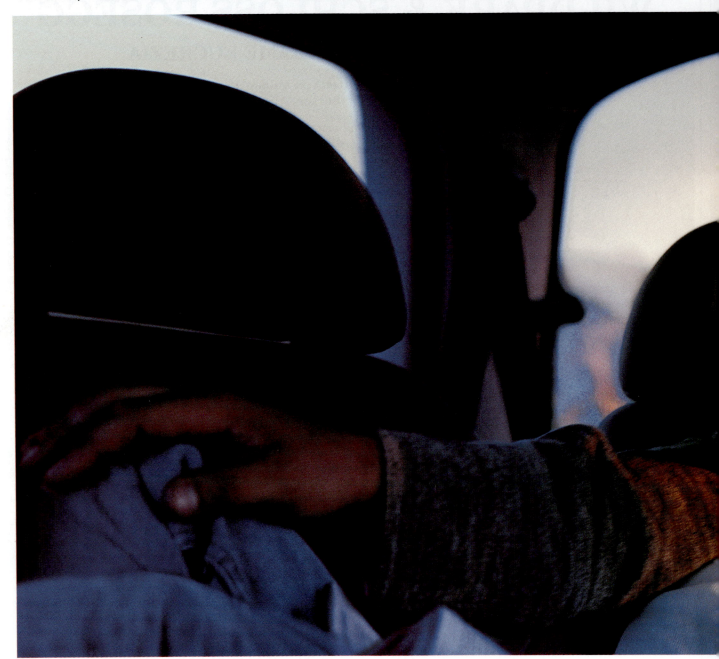

Der Sharan TDI mit 81 kW (110 PS)

Im neuen Sharan TDI kommen Sie mit einer einzigen Tankfüllung über 1300 Kilometer weit. Besonders zügig und zum günstigsten Tarif in seiner Klasse. Denn sein neuer TDI-Motor mit kraftvollen 81 kW (110 PS) verbraucht außerstädtisch auf 100 Kilometern gerade mal 5,2 Liter Diesel (nach 93/116/EG). Sensationell für einen Wagen, in dem bis zu sieben Personen bequem Platz finden. Und weil auf langen Strecken die Sicherheit besonders wichtig ist, gehören Seitenaufprallschutz, das Airbag-System für Fahrer und Beifahrer sowie ABS zur reichhaltigen Serienausstattung. Apropos lange Strecken: Eine Klimaanlage hat er ebenfalls serienmäßig.

Sharan. Leben in Fahrt.

Der einzige in seiner Klasse.

Servus in Österreich

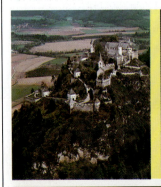

Burg Hochosterwitz

Die Burg Hochosterwitz, 860 erstmals urkundlich erwähnt, wurde 1571 von Georg Freiherr von Khevenhüller käuflich erworben und ausgebaut. Der vielfach gesicherte Burgweg (14 Tore) zählt zu den größten Seltenheiten im Burgenbau. Bis heute trägt die Familie Khevenhüller Sorge für die Erhaltung und Pflege.
Geöffnet ab der Osterwoche bis Ende Oktober.
A-9314 Launsdorf, Telefon 00 43 / 42 13 / 20 20, 20 10

Happ's REPTILIEN ZOO

Für Vorträge und Filmvorführungen ist im Zoo ein Schulungsraum vorhanden. Die Freilandanlagen mit europäischen Reptilien sind von Mai bis Oktober geöffnet. Neu im Zoo das Insektarium, unter anderem mit Vogelspinnen und Skorpionen; Freilandaquarium, 10.000 l, mit Wörther-See-Fischen. Hier sehen Sie u. a. Kärntens geschützte Schlangen und Eidechsen in naturgetreuer Umgebung. Ein Streichelzoo mit Meerschweinchen u.a. für die Allerkleinsten ist der Freilandanlage angegliedert. Täglich geöffnet von 8-18 Uhr.

A-9020- Klagenfurt/Wörther See • Villacher Straße 237 • Tel. (04 63) 2 34 25

MINIMUNDUS
...die kleine Welt am Wörthersee in Klagenfurt...
zeigt über 160 Modelle bekannter Bauten im Maßstab 1:25, Modelleisenbahnen sowie Modellschiffe.

Von Ende April bis Mitte Oktober täglich durchgehend geöffnet.

☎ 04 63 / 2 11 94-0,
Fax: 04 63 / 2 11 94-60

Jährlich neue Modelle - daher immer wieder sehenswert!

Paradies am See

Ein See mit Trinkwasserqualität und durchschnittlicher Wassertemperatur von 23°C. Ausflüge auf der „Thalia", dem einzigen Schraubendampfer Europas.
Minimundus: „In 80 Minuten um die Welt".
Klagenfurt am Wörthersee bietet einfach mehr.

Vergangenheit mit Zukunft

Die Fußgängerzone mit wunderschönen Arkadenhöfen. Das Landhaus mit seinem prächtigen Wappensaal, der Dom. Einkaufen in der Altstadt, gustieren auf dem Benediktinermarkt. Nach Sonnenuntergang in ein Beisl. Gaumenfreuden im Haubenrestaurant.

Schloßwandern

Rund um Klagenfurt. Schlösser wie Juwelen. Romantische Wanderungen zur Vergangenheit. Mit dem Auto, dem Rad, zu Fuß...

Kultur und Ambiente

Sommerkonzerte, Theateraufführungen in den Innenhöfen. Musikforum im Stift Viktring. Museen, Galerien, Kunsthalle, Stadttheater. Kultur in der romantischen Altstadt oder mitten im Grünen erleben und genießen.

KLAGENFURT
Die vom Wörthersee

KLAGENFURT TOURISMUS
Rathaus, Neuer Platz
A-9010 Klagenfurt
Telefon: 0463/537 223
Telefax: 0463/537 295
Klagenfurt-Info@W-See.or.at
http://WWW.W-See.or.at/Klagenfurt/